노을의 기억 속에

노을의 기억 속에

오명옥 두 번째 수필집

젊츨판

책을 펴내며

《노을의 기억 속에》로 두 번째 수필집을 낸다. 내심 부담을 많이 느끼면서 조심스럽다. 모르는 것도 많고 글도 쓸 줄 몰랐을 때보다 조금 아주 조금 글 쓰기에 눈을 뜨고 나니, 새롭게 책을 엮는다는 것이 더 어렵고 더 힘들었다. 불쑥 부끄러움이 올라오고 한없이 쑥스럽기까지 하다. 어찌 생각하면 실오라기 하나 걸치지 않은 내 모습인 것 같아 더욱 쑥스럽다.

이번 두 번째 수필집에서는 삶에서 맞이하는 인생의 가을을 이야기하고 싶었다. 자연에 사계절이 있다면 인생에도 사계가 있다고 생각하며 한 걸음, 한 걸음 가을로 걸어가면서 느끼는 많은 것들을 삶의 추수기라고 생각했다. 지나간 웃고 울었던 시간을 감정 속에서 추수하듯 기억하며 기록해 보았다. 때론 기쁨도 있고 아픔도 있었겠지만, 칠십 년을 살아온 하루하루는 축복이고 행복이었다.

너무 아프고 슬퍼서 잊고 싶었던 순간들도 나를 살아갈 수 있도록 힘이 되어준 밑거름이었다는 생각을 해본다. 가을의 언덕 위에서 지나온 굴곡진 길을 돌아본다. 저기 꽃들이 웃는 길도 보이고 아예 뭉

텅 길이 사라져 보이지 않는 곳도 있지만 참 잘살아온 듯 보였다. 기억하고 싶지 않은 일도 있고 자랑하고 싶은 일들도 있었지만 이제사 얼마 남지 않은 앞으로 나의 길은 지난 시간을 바탕으로 더 예쁘고 고운 나만의 꽃길로 만들어야겠다는 생각뿐이다.

흔하게 덕담으로 하는 말이 "앞으로 꽃길만 걸으세요."라고 한다. 앞으로 걸어가야 할, 이 꽃길 역시 내가 만들어야 하는 것이지 잘 만들어진 내가 갈 꽃길은 없다고 생각한다. 이번 수필집을 내면서 다시 한번 마음을 다잡아 본다. 서로에게 짐이 아닌 동반자로서 아름다운 동행이 되고자 다짐한다.

가족들의 이해와 배려, 친정 형제들의 응원은 언제나 지친 내 몸을 일으켜 세우고 힘이 되어준다. 특히 남편의 도움에 더 감사하며 고맙다.

앞으로도 언제나 노력하는 삶을 살아갈 것을 다짐한다.

2025년 초가을
오명옥

차례

책을 펴내며　　　　　　　　　　　4

제1부 기억

남편　　　　　　　　　13
나이 듦이란　　　　　　18
기억　　　　　　　　　23
알밤　　　　　　　　　29
어머니　　　　　　　　34
청보리　　　　　　　　40
인생의 속도　　　　　　45
꽃물　　　　　　　　　50
바가지　　　　　　　　54
김장　　　　　　　　　59

제2부 동행

사랑	67
다방과 전설의 고향	73
길어깨	78
칫솔	83
뻐꾸기	89
시샘달	95
수건	100
유통기한	105
친구	110
물	115

제3부 위로

랑카위의 저녁노을	123
구슬붕이	128
형제	133
산지미냐노	138
초대	143
아까시꽃	149
수상가옥	155
인생은	160
연주회	166
물오름달	171

제4부 추억

모교	179
시험	184
감잎	189
흙 그리고 물과 바람과 불	194
나들이	199
그림자	204
지구의 몸살	210
양동이	215
산불	219
가을을 기다리며	224

제1부

기억

지나간 추억의 조각은 때론 슬펐다가
때로는 웃음을 주기도 한다.
모두 지난 기억의
조각들이 맑음이 되었으면 좋겠다.

– 〈기억〉 중에서

남편
나이 듦이란
기억
알밤
어머니
청보리
인생의 속도
꽃물
바가지
김장

남편

늦가을 오후 햇살이 찬바람에 애처롭다. 남편도 인생의 가을을 맞이하고 있다. 머지않아 겨울의 추위 속에서 외로워질까 봐 큰 걱정이다. 2년쯤 되었을까, 남편은 귀가 시끄럽다고 하면서 이명 때문에 힘들어했었다. 가끔 저녁에는 이리 뒤척 저리 뒤척 잠을 설치기도 했다. 말수가 적은 남편이 "지금 매미 소리 들려요?"하며 이야기한 것이 몇 해가 되나 보다.

평소처럼 이야기하면 반응이 늦을 때가 종종 있다. 그때마다 가슴이 덜컥 내려앉고 남편의 뒷모습이 어쩐지 아리다. 처음 이명 때문에 검사를 받으려고 병원에 들렀다. 진찰과 함께 자세한 검사를 한 후 의사의 소견을 들었을 때는 가슴이 답답하고 한없이 슬펐다. 노화로 인한 진행이라서 큰 치료 방법이나 의사가 크게 해줄 수 있는 일이 없다고 했다. 순간 내 귀마저 아무 소리도 들리지 않는 것 같았다. 시간이 갈수록 조금씩 더 나빠질 거라고 했을 때는 충격적이었다.

　정신을 차리고 의사와 다시 이야기했다. 남편에게 도움이 될 만한 다른 방법이 없겠느냐고 물었다. 질병이 아닌 노화현상 때문이기에 특별한 방법이 없다고 말했다. 보청기를 착용하는 것은 어떠냐고 했더니 그것도 큰 역할을 하지 못한다고 하면서 권하지 않았다. 그럼 어쩌란 말인가. 요즘처럼 의술이 발달한 세상에 청력이 약해지고 있는데 아무런 방법이 없다니 이대로 시간을 보내야 한다면 나이 먹는다는 것이 너무 힘들고 슬픈 일이란 생각이 들었다. 아직 심하지는 않다고 하지만 청춘을 앗아가는 세월이 한없이 원망스러울 뿐이었다.

　지금도 밖에 나가면 아무도 고희가 넘었다고 생각하는 사람들이 없다. 꼿꼿하고 바른 자세는 청년 못지않다. 이런 남편에게 무슨 세월의 변화가 일어나고 있는 것일까, 세상 누구도 공평하지 못한데 조물주는 공평한 것일까, 남편의 신체가 모두 건강하니 귀의 노화를 빠르게 했나 보다. 아니면 남편의 무의식 세계가 세상에 듣고 싶지 않은 말이 얼마나 많았으면 스스로 귀를 먼저 닫으려고 하는 것은 아닐까. 수많은 생각들이 머리를 복잡하게 했다.

　외출하려고 준비하는 남편의 등 뒤에서 이야기하는 내 목소리를 잘 알아듣지 못하는지 반응이 늦다. 다시 더 큰 소리로 말했다. 그제야 뒤를 돌아다보며 대답한다. 요즘 들어 같은 말을 두 번씩 반복해야 하는 일이 잦아졌다. 남편의 상황을 알면서도 순간 버럭 화가 났다가 빨리 제자리로 돌아와 가슴을 두드리는 일이 많아졌다. 하루하루 조금씩 변화하는 남편을 보면서 시간이 더 빠르게 흐르고 있다는 것을 실감하고 있다.

남편은 평소에 큰 소리로 이야기하는 것을 싫어했다. 가끔 내 목소리가 쓸데없이 크다고 직접 말한 적은 없지만 결혼 초부터 표정으로 눈치를 주며 늘 많이 못마땅해했었다. 언제나 조용조용 이야기하던 남편이 결혼 후 처음 처가에 갔을 때는 적응하지 못하는 표정이었다. 모두 큰 소리로 싸움이라도 하는 것처럼 대화하는 처가 식구들에게 놀란 것이었다. 그렇게 조용하게 말하는 것을 좋아하던 사람이 요즘엔 보통 하는 이야기를 잘 못 알아들으니 안타까울 뿐이다.

내가 어렸을 적 이웃집에 사시던 두두 할머니도 처음에는 귀에 매미가 산다며 시끄럽다고 하셨었다. 그러더니 잘못 알아듣다가 시간이 흐르며 돌아가시기 전에는 작은 치매 증상을 보였다. 증상이 심하지는 않았지만, 며느리와 손녀딸들이 모여 이야기하며 웃고 있으면 자신을 욕한다고 생각했다. 며느리에게 화를 내며, 부지깽이를 가지고 나오는 적도 있었다. 아직 두두 할머니처럼 심하지는 않지만, 남편의 최근 모습에서 문득

제1부 기억 15

두두 할머니 생각이 나면서 슬픈 상상이 머릿속으로 지나갔다. 몸이 피곤하면 더 심한 것 같다.

아직은 외부 활동이 많은 남편이 사람들이 많이 모인 장소에서 실수하거나 제대로 알아듣지 못하여 외로워질까 봐 무섭고 걱정이 된다. 마음 같아서는 남편의 뒤를 쫓아다니고 싶지만, 원하지 않기에 어떻게 해야 할지 모르겠다. 지금은 아직 미약하니 괜찮은데 앞으로 어떻게 될지 걱정과 근심이 크다.

지금까지 가장으로서 삶의 어깨가 무거웠을 남편을 생각하면 가슴이 쓰리고 아프다. 그 많은 일들이 노화를 재촉하지는 않았을까. 그동안 나는 옆에서 무엇을 했을까. 돌아서 생각하니 후회스럽다. 되돌릴 수 없는 상황이 그저 한스러울 뿐이다. 지금은 무거운 어깨의 무게가 줄어들었는데도 넓었던 어깨가 왜소해 보이고, 힘이 줄어든 듯 보여 떨어지는 낙엽 따라 안타까움이 함께 떨어져 내리는 것 같았다.

책에서 우연이 본 내용이지만 청력이 나빠지면 그렇지 않은 사람보다 치매 확률이 높다고 하여 잠든 남편의 머리맡에 앉아 하염없이 눈물을 흘린 적이 있다. 앞으로 오십 년, 육십 년 함께한 남편이 마지막 나에게 아주머니는 누구세요? 할까 봐 걱정이 많이 된다. 만약에 그렇게 된다면 나는 어떻게 될까, 어떻게 해야 할까, 더 이상 생각하고 싶지 않아 눈을 감아버렸다.

인생의 유통기한도 정해져 있을진 데 내 남편의 유통기한은 언제까지일까, 앞으로 그 기간이 다하는 날까지 더 보듬고 사랑하며 지금만큼만 건강을 지켜가며 살고 싶다. 조금씩 아주 조금씩 사그라드는 모닥불 같은 인생의 가을이지만 아름다운 계절의 봄처럼 사랑스럽게 남편과 함께 늙어가고 싶다.

나이 듦이란

　식탁도 마다하고 거실에 상을 펴고 마주 앉는 일이 잦아졌다. 국까지 젓가락으로 먹는 남편을 젓가락질의 달인이라고 했는데 멸치볶음을 가져가다가 깻잎지 위에 떨어뜨려 허연 눈을 동그랗게 뜨고 있다. 남편이 떨어뜨린 멸치를 찾는다. 내 눈에는 보이는데 깻잎지 위에 떨어진 멸치를 얼른 찾지 못하더니 겨우 찾아 입에 넣는다.
　아침 설거지를 마치고 거실 카펫 위에 앉았다. 책을 보던 중 허벅지 밑의 느낌이 이상했다. 손으로 만져보니 꾸덕꾸덕해진 밥덩이가 손에 잡혔다. 한두 톨도 아니고 꽤 큰 덩어리였는데 밥상을 치울 때 보지 못했던 게다. 남편이 그랬다고 떠넘길 수도 없는 자리다. 누가 봐도 내가 앉았던 자리가 분명하기 때문이다. 이런 일이 한두 번이 아니라 얼마 전부터 자주 있는 일이 되었다.

이를 닦으려고 거울 앞에 섰다. 언제 흘렸는지 고등어조림 국물이 셔츠 앞자락에 피카소의 그림을 따라서 그렸다. 무엇을 그렸는지 알 수는 없지만 꽤 근사한 그림처럼 보였다. 처음에는 "여보, 이것 좀 봐요. 언제 그랬지?" 하면서 너스레를 떨며 깔깔깔 웃었는데 그런 일이 일상처럼 자주 있으니까 부끄러워 숨기고 싶어졌다. 언제부턴가 황혼으로 가는 문턱에서 세월이 빠르다고 원망만 하고, 있는 것은 아닌지, 하는 생각을 자주 하곤 했다. 모든 행동이 마음과 같지 않아 때론 한숨도 나오고 주저앉기도 하지만 돌아다보면 자욱자욱 그것이 추억이 되어 뒤를 따라오고 있어 입가에 미소가 머문다.

　어렸을 적 나는 유난히 깔끔하셨던 할머니와 같이 방을 썼다. 밥도 할머니와 겸상으로 먹었다. 어느 날부터 그렇게 좋아하던 할머니와 같이 밥 먹는 것이 싫어졌다. 할머니도 모르게 입안에 있던 밥알이 굴러 나오고 숟가락에 있던 반찬도 떨어뜨리고 국 국물도 칠렁칠렁 흘렸기 때문이다. 어린 마음에 너무 더럽다는 생각이 들었다. 지금 생각해 보면 내가 아가였을 때는 할머니 입으로 머금어 찬 것은 따뜻하게 하고 뜨거운 음식은 식혀서 먹여 주셨을 텐데 입에 있는 밥알 하나 떨어뜨렸다고 더럽다고 생각했으니.

　지금은 내가 그렇다. 언제 떨어뜨렸는지 거울 앞에 서면 티

셔츠 앞자락에 각종 장신구가 다 붙어있다. 귀리와 하얀 쌀이 잘 조화를 이루어 만들어진 브로치가 달려 있고, 수묵화가 되어버린 장조림 간장 자국도 있으며, 붉은 동백꽃 같은 고추장 자국이 한 폭의 그림을 완성한다. 정말 혼자 보기 아까운 그림을 감상하며 나이 먹는다는 것을 실감하고 점점 다시 아기가 되어가나 보다 중얼거리며 얼른 옷을 바꾸어 입는다. 지금은 남편과 둘이 있으니 이래도 저래도 괜찮지만, 손주들이 왔을 때도 그러면 내 손주들도 내가 그랬던 것처럼 할머니 더럽다고 싫어할 것 같다.

애써 희망은 있다고 다잡아 보지만 나이 먹는다는 것이 서글프고 우울하다. 벌써 몸과 마음이 따로 놀려고 하는 것이 안타깝다. 아니 이미 따로인 것을 억지로 가까이하려는 노력이 힘들 뿐이다. 가끔 마음먹은 대로 손발이 움직여지지 않아 속상할 때도 있다. 시간이 흐를수록 더 심해지지 않을까 걱정 반 근심 반이다.

나이 먹으면 아이가 된다고 하더니 정말 그런가 보다. 내가 어렸을 때는 혼자 밥을 먹겠다고 다른 이가 먹여 주는 것을 정말 싫어했단다. 보지 않아도 뻔한 일, 반은 먹고 반은 흘려서 온몸에 붙이고 다녔다. 그 몸으로 오빠들에게 안아달라고 쫓아다니기까지 했으니 온 집안에 밥풀이 널브러져 있었다. 그

때 오빠들이 애칭으로 나를 '밥 나무'라고 부르던 것은 나도 기억하고 있다. 하나 지금은 누가 먹여 주지도 않고 온전히 혼자서 먹는데 어릴 적 그때처럼 숟가락에 구멍이라도 난 듯 술술 흘리고 있다. 어릴 적 그 밥 나무가 어디 가겠는가.

  나이 먹어 간다는 것이 무엇일까? 정말 다시 아기로 돌아가는 것일까. 말과 행동 하나하나까지 모두 조심스럽고 어눌해지며 천천히 느림의 미학으로 받아들여야 할 것 같다. 길을 갈 때도 음식을 먹을 때도 하물며 누군가와 이야기할 때는 더 조심스럽다. 어느새 여기까지 왔는지 멀리 색동코고무신을 신은 내 모습이 아장아장 신작로를 걷는데 말이다.

  내 인생의 포물선에서 젊음의 황금기에 정점을 찍은 지 오래되어 완강기를 거치고 있는 느낌이다. 이젠 모든 것을 급하게 서두르지 말아야겠다. 행동이 따라주지 않는 마음만 급하면 넘어지고 빠뜨리는 것도 많고 실수투성이가 된다. 천천히 내 인생의 시계에 맞춰 곱게 늙은 할머니로 남은 시간을 즐기며 보내려고 한다. 옛날처럼 빠르게 할 수는 없지만 재촉하는 사람도 없고 출근할 일도 없으니 쉬엄쉬엄 내 나이의 빠르기에 맞추어 다시 내 삶의 주인공이 되어보는 것이다. 그까짓 고등어조림 국물 좀 흘렸다고 나무랄 사람도 없는데 기죽을 필요 없을 것 같다. 지금 이 자리의 주인공은 나이기 때문이다.

오늘 저녁노을이 유난히 곱다. 하루를 다한 자연이 아쉬움 없이 아름다움을 주고 가듯이 돌아오는 인생의 초겨울을 따뜻하게 준비하고 싶다. 인간의 한평생도 노을을 남기고 가는 자연처럼 아름답기 때문이다.

기억

 꽃샘바람이 세차던 날, 터벅터벅 산언덕을 오르는 남편의 뒷모습이 무거우면서도 허허로워 보였다. 한 줌 재로 돌아온 동생의 모습에 꺽꺽 기에 질린 눈물을 삼키던 모습이 너무도 선명하게 각인되어 가슴이 미어졌다.
 남편은 삼 남매였다. 부모님이 일찍 돌아가시고 각자 결혼하여 가정을 꾸리면서도 우애 있고 돈독하게 잘 지냈다. 최소한 서방님에게 암이라는 불청객이 찾아오기 전까지는 말이다. 서방님이 암과 사투를 벌이기 시작한 그때는 코로나까지 심하여 자유롭게 면회도 할 수 없었던지라 삼 남매는 생이별이 되고 말았다. 서방님은 병실에서 육체적인 고통과 함께 정신적인 그리움의 고통까지 감내해야 했다.
 처음엔 병원에 있는 날보다 집에 있는 날이 많았지만, 집으로 방문하는 것도 힘들어했다. 항암치료 중이라 다른 질병이라도 옮길까 봐 집으로 찾아가는 것조차 조심스러웠다. 애간장이 탔지만, 간병에 애를 쓰는 동서와 투병 중인 서방님의 안부만 기다렸다. 남편과 나는 만날 수조차 없으니, 아무것도 해주지 못하고 풍문으로 들려오는 소식에 안타까워하기만 했다. 우리의 기대와 응원에도 불구하고 병마와 싸운다는 것은 쉬운 일이 아니었다.

날마다 내리는 살은 더 이상 빠질 것도 없다고 했다. 그래도 서방님은 다음 치료를 위하여 죽을힘을 다하여 걷고 걸으며 운동도 하고 기본적인 생활도 혼자 힘으로 견뎌냈다. 꼭 살아야겠다는 정신력으로 버티는 힘든 모습이 동서의 마음을 더 아프게 했으리라.

남편은 동생을 직접 만날 수 없으니 그리움에 애를 태우며 목이 길어져만 갔다. 깔끔한 성격의 서방님은 병마와 싸우는 모습을 가족은 물론 누구에게도 보이고 싶지 않아 했다. 서방님은 형이 보고 싶어도 참으며 꼭 이겨내서 만나리라는 집념뿐이었던 것 같았다. 하나 인명은 재천이라고 인간의 영역이 아니었다. 결국 볕 좋은 어느 봄날, 우리 손을 놓은 서방님을 영원한 안식처로 보내주고 굽은 등에 눈물을 삼키며 돌아왔다.

아직도 마지막 면회했을 때 잡았던 따뜻하던 손끝의 온기가 느껴지는데 우리 옆엔 서방님이 없다. 짧은 시간에 말 없는 한 줌 재로 돌아온 서방님과 울며불며 마지막 이별을 했다. 믿기지 않는 현실 앞에서 날씨마저 해가 났다가 비가 쏟아지다가 갈피를 잡지 못했다. 날씨까지도 우리의 마음을 알고 있는 듯했다.

  슬픔에 함께했던 가족과 친지, 친구들이 각자의 일상으로 뿔뿔이 돌아갔다. 우리는 한 사람의 육신을 보내고 슬픔만 한가득 안고 돌아왔다. 난 나의 슬픔은 슬퍼하는 것조차 사치라는 생각이 들었다. 차가운 땅속에 동생을 두고 온 남편의 슬픔은 말로 할 수 없을 만큼 컸기 때문이다.

  동생 생각에 마음을 잡지 못하는 남편과 길을 나섰다. 낯선 듯 눈에 익은 길을 달려 시골 어느 공장 입구에서 차를 멈추라고 했다. 건축할 때 쓰는 시멘트 기둥들이 적재해 있는 곳이었다. 차에서 내려 한참을 말없이 두리번두리번 주변을 살피던 남편은 무엇을 본 듯 무겁게 입을 떼었다. 이곳이 채광하던 곳이고 저쪽은 광석을 부숴 금을 분리하던 곳이라고 했다. 저 아래 작은 사거리 왼쪽에는 조문 와서 함께 밤을 보냈던 동생 친구의 집이 있었다고 하며 고개를 들어 하늘을 보았다. 한참 동안 말을 잇지 못하다가 여기는 우리 집이 있던 곳인데 하며 말 끝을 흐리던 눈엔 눈물이 핑그르르 돌기도 했다. 다시 한숨을 몰아쉬더니 이야기를 계속했다.

　겨울이 되면 눈이 내려 쌓이고 얼음이 얼면 동생과 손을 잡고 언덕마루에 올라 나란히 미끄럼을 타고 내려왔단다. 두 살 터울 남동생이니 서로 얼마나 개구쟁이였을까. 그때 하늘로 부서진 웃음소리를 혼자서만 느끼는 듯 앞산의 낮은 봉우리에 눈길이 머물렀다. 땅이 꺼져 내릴 듯 깊은 탄식을 쏟아내더니 이내 공장의 사무실 건물을 가리키며 이야기했다. 여기에 일본식 일자 건물이 줄지어 있었다고 하며 본인이 아플 때마다 손을 따주시는 등 도움을 받았던 이 씨 할아버지 댁, 친구 창식이네, 형순이네…… 등등 지도를 보며 설명하듯 기억을 토해냈다. 저쪽 저기쯤엔 할머니 채마전이 있었다는 것이었다.

　오랫동안 잊은 척했던 기억들이 툭툭 올라왔지만 정말 남편에게 소중한 것은 없었다. 남편이 겨우 스무 살이 갓 넘었을 때 할머니와 부모님이 갑자기 돌아가셨다. 넓은 세상에 삼 남매는 기댈 곳 하나 없게 되었다.

　그때의 생생했던 슬픔과 아픔, 칠흑 같은 두려움 등을 가슴 깊숙한 곳에 넣어 두었었는데……. 또 하나 묻어두고 싶은 기억에 몸부림치며 동생과의 마지막 정을 정리하고 있는 것 같았다. 난 옆에 있으면서도 억지로 고개를 돌려 남편의 얼굴을 보지 못했다. 아직도 생생한 가족들과 행복했던 저 기억의 조각들을 어쩔거나. 가슴속 보이지 않는 남편의 피눈물은 닦고 닦아도 멈추지 않는 것 같았다.

한참 동안 말을 뚝 끊었던 남편은 시내버스가 내려오는 언덕을 가리키며 말했다. 타임캡슐을 묻어두듯이 동생과 함께 가지고 놀던 유리구슬 한 움큼을 고갯마루 큰 소나무 밑에 묻어두었다는데 그 구슬은 어디로 갔을까. 고개를 낮추는 도로공사 때 파헤쳐져서 아쉬웠단다.

금광이 폐광되면서 번성했던 마을은 쇠락하여 사라지고 지금은 여느 시골처럼 조용하다. 그 옛날 화려했던 마을의 모습은 어디에서도 찾아볼 수가 없었다. 그때 살던 집들까지 모두 뜯기고 헐려 공장이 생겼으니 어릴 때 살던 모습은 조금도 보이지 않는단다. 거리에는 왕래하는 사람들도 볼 수가 없었다. 그냥 남편의 어릴 적 추억은 기억으로만 남아있는 것이었다.

동생을 먼저 보낸 남편은 함께 자랐던 그곳에서 마지막 추억을 확인하며 하나하나 조각 난 기억의 퍼즐을 맞추는 듯했다. 나란히 등교하던 그 모습을 기억하고 그 시절 추억의 작은 조각들까지 주워 가슴 속 깊숙한 곳에 꾹꾹 튀어나오지 못하게 담는 듯했다. 언제쯤이면 구멍이 뻥 뚫려 찬바람 드나드는 남편의 가슴이 채워질 수 있을까. 아버님도 어머님도 할머니까지 떠나보냈던 곳, 행복했던 기억과 슬픔의 기억까지 많은 조각의 기억을 차곡차곡 가슴에 담는 남편의 뒷모습이 한없이 슬퍼 보였다. 지나간 추억의 조각은 때론 슬펐다가 때로는 웃음을 주기도 한다. 모두 지난 기억의 조각들이 맑음이 되었으면 좋겠다.

알밤

 밤새 바람이 세차게 불었다. 아침 일찍 안개가 걷히기도 전에 개울 건너 점순이 할아버지가 지키는 밤나무 밑으로 쫓아갔다. 가시 밤송이가 점점 자라 어른 주먹만 해지면 할아버지는 밤나무 아래 작은 평상을 놓고 앉아 계시거나 누워계셨다. 떨어지는 알밤을 다른 사람들이 주워갈까 봐 지키는 것이다.
 비가 오는 날이라서일까, 호랑이 점순이 할아버지가 계시지 않았다. 밤나무 아래 주먹만 한 알밤만 몇 개 떨어져 반짝이고 있었다. 때는 이때다. 떨어진 알밤을 바지 주머니에 불룩하게 주워 넣고 집으로 오려는데 지팡이를 짚은 할아버지가 도랑을 건너 힘겹게 올라오고 있었다. 할아버지와 마주치자 슬쩍 길 옆으로 피하여 오는데 할아버지가 옷자락을 잡으셨다. 이놈 얼마나 주웠어. 할아버지는 빈손인 내 손을 살피더니 바지 주머니에서 알밤을 꺼내셨다. 주머니는 작고 밤은 알이 굵어 열 개도 안 되는 밤을 모두 빼앗기고 돌아섰다. 서운하여 눈물이 텀벙텀벙 쏟아졌다. 아니 야속했다.

　주머니의 밤을 모두 털리고 터덜터덜 이슬 묻은 검정 고무신을 질척거리며 돌아왔다. 저렇게 큰 나무에 밤이 많이도 달렸는데 아이가 주운 아홉 알의 밤을 모두 가져간 욕심쟁이 할아버지가 밉고 속상하면서도 부러웠다. 그날 저녁 점순이 할아버지는 삶은 밤을 한 바가지 가져왔다. 온기가 그대로 남은 밤을 손으로 만지는 순간 잠시 할아버지를 미워했던 마음이 미안했다. 하지만 서운한 마음은 가시지 않았다. 왜 우리는 밤나무도 한 그루 없느냐면서 투덜투덜했다.

　어릴 적 그렇게 부러웠던 알밤을 내가 어른이 되어서도 욕심낼 줄은 몰랐다.

　"잘 살아라. 아들, 딸 많이 낳고……."

　결혼식을 치르고 난 뒤 시부모님께 인사를 드리는 폐백실 풍경이다.

　수줍은 새색시 빨간 치마폭에 밤알과 대추가 투두둑 떨어진다. 구경꾼들은 밤알 하나 주우려고 우르르 새색시 치마폭 앞으로 모였다. 어릴 적 전통 혼례 치르는 모습이 생각나기도 했다. 폐백 밤과 대추를 먹으면 새색시만큼 복을 받는다고 하여 너도나도 주우려는 것이었다. 새색시 팔을 잡았던 도우미는 얼른 손을 놓고 늦을세라 밤알과 대추를 한 움큼 주워서 새색시 주머니에 넣어주며 귓속말로 첫날밤에 신랑하고 먹으라고 하신다.

  친정어머니는 시부모님이 돌아가신 우리에게 화려한 폐백이 아니라 북어와 알밤, 대추가 담긴 수수한 폐백을 준비해 주셨다. 정성껏 상을 차려 놓고 처음으로 마주하는 시아버님과 시어머님 사진을 모셔서 절을 올렸다. 절을 하고 난 후 사진을 쳐다보며 눈 맞춤을 하고 기다렸지만, 밤을 던져주시지 않으셨다. 구경꾼도 없었다. 나도 그 굵은 알밤 한 톨 받아보고 싶었는데 그냥 부러움을 가슴에 담고 상을 물렸다. 그 후 언제나 결혼식에서 마주하는 폐백 풍경은 부러움으로만 아련했다.
  큰오빠네 막내 조카가 시집가던 날이었다. 나의 아픈 마음을 모르는 올케언니는 나에게 폐백 함을 맡겼다. 두 개나 되는 무거운 함을 폐백실로 옮기고 나서 폐백 함을 열었을 때 모두 놀랐다. 높이 쌓아 올린 밤과 대추와 요염하게 앉아 있는 닭은 문어를 잘라 모양을 낸 깃털을 등에 덮고 봉황인 듯했다. 굵은 진주 목걸이처럼 알밤 목걸이와 대추 목걸이를 하고 청실홍실을 함께 둘렀으니 화려함의 극치였다. 도우미들도 이렇게 화려하게 잘 만들어진 것은 처음 본다고 했다. 난 화려한 폐백에 놀라움보다는 부러움이 더 컸었다. 평생 한 번뿐인 일이니까 그냥 밤과 대추를 치마폭에 받아보고 싶었다.

하지만 이제는 밤을 부러워하지 않아도 된다. 시아버님 산소에 밤나무가 생겼기 때문이다. 어디서 왔는지 언제 왔는지 알 수 없지만 어느 해 한식 때 시아버님 산소에 성묘하러 갔다. 산소 옆 묵정밭에 자리한 키 작은 밤나무에 밤꽃이 함빡 피어 있었다. 윙윙대는 벌들의 소리가 경쾌하게 들렸다. 밤나무를 보자 벌써 가슴이 설레며 가을이 기다려지기도 했다. 어릴 때도 부러워했고 어른이 되어서도 부러웠던 밤나무가 스스로 찾아온 것이다.

그해 가을 벌초하러 갔더니 밤송이가 다 자라 금방이라도 벌어질 것 같았다. 벌초를 마치고 잠시 그늘에 앉아 있으려니 알밤 한 톨이 툭 떨어졌다. 알도 굵고 꽤 실했다. 밤을 주워들었다. 탱글탱글 반짝이는 알밤을 보니 시아버님이 주신 것 같았다. 밤나무가 시아버님 산소 옆에 있으니 그렇게 생각하기로 했다. 지금은 아름드리 큰 나무가 된 밤나무가 무척 대견스럽다. 바람이 불어와 밤나무를 흔들고 갔다. 후드득 치마 앞에 알밤이 뒹군다. 마치 결혼식 날 폐백실에서 던져주는 밤처럼 말이다.

시아버님은 어떻게 내 마음을 아셨을까? 살면서 남편을 낳아주신 부모님께 폐백드리고 밤을 받지 못해 항상 서운했는데 이렇게 매년 밤을 주려고 그러셨나보다 하는 생각이 들었다. 깊은 시아버님의 뜻을 헤아리고 나니 마음이 훈훈해진다. 산소 옆의 밤나무가 무럭무럭 자라 밤이 열리기 시작했고 가을이면 우수수 알밤이 떨어지기 때문이다. 입이 환하게 벌어진 가시 밤송이를 보면 기분이 좋다. 윤기 반지르르한 밤 세 알이 나를 보고 웃는다. 그 밤송이는 꼭 남편 형제의 우애 있는 삼남매처럼 보였다. 튼실한 씨알이 복스럽다.

흔히 하나의 밤송이 안에 세 개의 밤알이 조선시대 최고의 벼슬인 삼정승을 뜻한다고 하여 자식들의 출세를 기원하는 마음으로 제수에 쓰이고 있다고 했는데 자세히 알아보니 밤은 씨 밤에서 싹이 올라오고 난 후 내피의 껍질이 나무가 죽을 때까지 썩지 않고 뿌리 어딘가에 붙어있다고 했다. 밤이 제수용으로 사용되는 것은 이 때문으로 결국 조상의 뿌리를 굳건히 지키고 욕되게 하지 말라는 것이란다. 또 한 번의 바람에 내 앞에 툭툭 알밤이 떨어진다. 시아버님 시어머님의 사랑하는 마음처럼 느껴져 행복했다.

어머니

　어릴 적 외출하시려는 어머니의 치맛자락을 붙잡고 울던 기억은 누구나 있을 것이다. 어머니는 나무라지 않고 나를 꼭 안아 달래 주곤 나가셨다. 어머니 마음은 호수처럼 넓게 느껴졌다. 새벽 낯선 산책길에서 작은 연못을 마주했다. 조용조용 걸었지만, 깜짝 놀란 청개구리가 폴짝 물속으로 뛰어 들어갔다. 잔잔한 연못에 불청객 개구리가 뛰어들었지만, 연못은 금방 엷은 미소로 받아 주었다. 한없이 부드럽고 너그러운 연못의 배려였다.

　개구리가 뛰어든 연못은 잠시 얼굴을 찡그리듯 출렁였다가 이내 평온해졌다. 물끄러미 연못을 바라보니 온 우주를 다 담아 품은 듯 보였다. 연못은 넓은 하늘을 모두 들여놓아 숨겨두었고 느티나무도 한쪽에 넣어 두었다. 연못의 품을 제일 먼저 채운 버드나무는 낭창낭창 가지를 흔들며 물고기들을 유혹했다.
 연못이 품에 가득 안은 대자연을 보면서 연못보다 넓은 품을 가졌던 어머니의 지나간 시간이 떠올랐다.
 우리 어머니 품은 얼마만 했을까. 어쩌면 태평양처럼 넓지 않았을까. 어머니의 품 안에는 언제나 물고기처럼 식구들이 올망졸망 많이 안겨 있었다. 시어머니와 시동생 그리고 어머니의 보물 일호인 칠 남매 우리들이 있었다. 한집에서 살지는 않았지만, 어머니 손이 필요했던 상처한 시아주버니에 그 조카들까지 모두 어머니의 품에 들어와 있었다. 어머니는 밤이면 호롱불 밑에서 가족들의 헤진 양말을 깁고 한복만 입으시던 아버지의 옷을 짓는 등 바느질하느라 밤이 새는 줄도 몰랐었다.
 그뿐 아니다. 큰아버지 댁에서 모시는 할아버지 제사가 돌아오면 제사음식을 준비하여 이십여 리나 되는 먼 길을 머리에 이고 지고 가서 제사를 모셨다. 쉼도 없이 밤길을 돌아와 다음 날에는 또 밭에 나가 일을 했다. 작은 여인의 몸으로 그렇게 큰 짐을 당연하게 받아들이고 사셨던 어머니가 안쓰러웠다.

 연못의 물비늘이 잔잔하다. 바쁜 새벽바람이 성큼성큼 다녀갔고 그림자를 드리운 버드나무의 일렁임도 멈췄다. 이따금

물고기들이 물 위로 튀어 오르고, 연못 위의 작은 파문이 하회탈처럼 웃는다. 자라 한 마리가 천천히 연못 가운데 바위 위로 기어오른다. 느릿느릿 기어오르는 자라는 만족해 보였다. 편안한 오수를 위하여 일광욕을 즐기려나 보다.

 물고기가 연못을 떠나서는 살 수 없듯이 가족들도 어머니 없이는 살 수 없었다. 어머니가 안 계신 집은 상상도 할 수 없었다. 해서 어머니는 한 번도 집을 벗어나 본 적이 없었다. 어머니 옆에는 여전히 치맛자락을 잡고 매달리는 자식들과 아직 손이 필요한 조카들도 있었다. 어머니는 종일 몸이 부서져라, 일에 묻혀 살아도 한 마디 불평이 없으셨다. 어머니는 변덕스럽지 않고 호들갑도 떨지 않았으며 언제나 묵직하게 생활하셨다. 지치고 힘들만도 하셨을 텐데도 당신 자식들보다 조카들을 더 많이 보듬고 아끼셨다. 막둥이 작은아버지와 사촌오빠 우리 큰오빠가 비슷한 나이였는데 큰오빠를 제외하고 둘만 상급학교에 진학시켰다. 어머니는 집안을 위하여 그렇게 했지만, 훗날 고생하는 오빠를 보고 후회에 후회를 거듭하셨다. 평생 어머니가 가장 행복하셨을 때는 언제였을까 어머니가 소리 내어 웃는 모습을 보지 못했다. 그래도 우리에게는 항상 몽글몽글 보드랍고 따뜻하며 자애로우셨다.

 어머니는 우리에게 미래의 행복을 위하여 늘 책을 보라고 하셨고 공부하라고 했다. 공부만이 육신을 편하게 살 수 있게 해준다고 하시며 공부하는 자식에게는 아무리 바빠도 작은 심부름도 시키지 않았다.

고희가 훌쩍 넘었던 어느 날 어머니는 폭탄 발언을 하셨다. 분가하고 싶다고 독립 선언을 하신 것이다. 개구리가 뛰어든 연못처럼 집안에 큰 파문이 일었다. 칠 남매가 모여 긴급 가족회의를 열었다. 우선 어머니의 뜻대로 집을 먼저 구했다. 생활비는 부모님께 드리던 용돈에 조금 더 보태기로 했다. 결국 이십 년이 넘게 아들과 함께 사시다가 분가를 택한 것이다.

나는 어머니가 나를 시집보낼 때처럼 세탁기 냉장고 텔레비전 밥솥 등 사랑이 듬뿍 들어간 살림살이를 사서 새집에 채워드리며 응원했다. 아버지와 새로운 신혼처럼 알콩달콩 재미지게 사셨다. 우리는 한 달에 한 번 어머니의 새 보금자리에 모여 밥도 먹고 나들이도 하고 어머니의 삶에 늘 생기를 넣어드렸다. 지금까지 가족을 지켜오시던 어머니는 새로운 삶에서 조금씩 마음의 여유가 생기는 것 같았다.

어머니는 모질지 못하셔서 많은 사람들에게 친절했다. 어머니가 다른 사람들을 공경하고 사랑했던 마음은 고스란히 우리 칠 남매에게 복이 되어 돌아왔다. 옛말에 부모가 많이 베풀고 마음 곱게 잘살면 다음 대의 자식이 복을 받는다고 했는데 그것마저도 고속시대라 어머니 눈앞에서 모든 게 이루어졌다. 어머니의 보물들이 모두 잘 자라서 건강한 사회의 일원이 되었다.

 그렇다고 어머니의 삶에 행복만 있었던 것은 아니다. 가경동이 처음 택지로 개발되고 집을 짓기 시작했을 때였다. 어른들의 부주의로 재롱둥이 손자가 먼저 하늘의 별이 되었을 때 어머니는 본인의 잘못인 것처럼 두문불출하셨다. 그 슬픔이 점점 옅어져 갈 때쯤 병마와 싸우던 둘째 며느리가 손을 놓던 날은 가는 며느리도 남은 아들도 다 가슴에 담지 못해 아파했다. 어머니의 연못에 작은 파문들이 있었지만, 어머니의 이해와 사랑이 치료 약이 되어 칠 남매가 모두 건강하게 잘 살게 되었다. 어머니의 꿈이 꽃을 피웠다고 함박웃음을 지으셨다.

 작은 연못 안의 진흙 속에서 하얀 연꽃이 피어나는 것처럼 어머니의 품속에서는 칠 남매의 행복이 보글보글 끓었다. '젊어 고생은 사서도 한다.'라는 속담처럼 깊게 주름진 어머니 얼굴에는 웃음꽃이 피었다.

 우리 형제들은 지금도 가끔 어머니를 생각하며 모이지만 따뜻한 봄바람이 허허로운 찬바람이 되어 들녘을 지나간다. 조용한 연못 속엔 어머니를 닮은 커다란 흰 구름이 유영하고 있었다. 볼수록 마음이 쓸쓸했다. 그곳엔 늘 주기만 하셨던 사랑

부자 어머니가 계시지 않았기 때문인가 보다. 많은 것을 품었던 커다란 어머니의 품이 그리운 아침이었다.

청보리

    입춘이 훌쩍 지나고 나니 청보리밭에서 나비가 나풀나풀 춤을 추듯 초록의 작은 물결이 보인다. 겨울잠을 자던 생명의 꿈틀댐이라고 해야 할까.
    대부분 식물은 따뜻한 봄에 씨를 뿌려 여름에 자라고 가을에 열매를 맺는다. 다 그런 것은 아니지만 보리는 대부분 가을철에 씨를 뿌리기 때문에 모진 겨울의 추위를 이겨내고 봄이 되어야 튼실한 열매를 맺는다. 보리는 겨울이 겨울답게 추워야 더 잘 자란다고 했다.
    요즘은 지구 환경의 변화로 여름은 사람들이 견디기 힘들 정도로 무덥고 겨울은 큰 추위 없이 지나간다. 언제 왔다가 가는지 짧은 봄과 가을이라는 계절이 슬며시 사라져 가는 느낌이다. 내가 어렸을 때는 아침에 일어나 밖의 샘가에서 세수하고 방 문고리를 잡으면 잠시 손이 쩍 붙을 정도로 추웠다. 그 때마다 할머니는 "매섭게 추운 것이 내년에는 보리가 풍년이 들겠구나." 하셨다. 그 추위에도 차가운 눈 이불을 덮었던 보리다. 작은 이파리가 벌써 깨어나 훈풍인 바람에 나비처럼 나풀대는 것 같았다. 아직 언 땅에 붙은 작은 초록의 보리밭을 보니, 초록의 보리싹 위에는 나비가 춤추고 황금물결이 일렁이며 종다리가 찾아들고 동네 처녀와 총각의 사랑이 상상되었다.

혹독한 추위를 이겨낸 보리는 강인한 생명력의 표본이다. 인내로 겨울을 이겨낸 보리는 어려운 시절 이른 봄, 최고의 식량이었다. 파릇파릇 자라오른 보리 새순은 된장국을 끓여 먹기도 하고 나물로 무쳐도 먹었다. 가난한 사람들이 춘궁기 보릿고개를 보낼 수 있게 해주는 좋은 식재료가 되었다. 봄이면 식량이 떨어져 채 익지도 않은 푸른 보리 이삭을 따다가 가마솥에 볶아 말려 보리쌀을 만들어 먹기도 했단다.

청보리는 어떠한 역경에서도 살아남는 우리 민족성과도 닮았다. 수많은 외침에도 불구하고 굳건하게 나라를 지켜냈던 우리의 조상들이 자랑스러운 것은 두말할 나위가 없다. 삼월이 되니 독립을 위해 목숨 걸고 일했던 조상들이 생각났다. 우암산 자락에 자리한 삼일공원엘 갔다. 안개비 속에 나라를 지킨 영웅들은 우두커니 그때의 기개를 몸으로 표현하고 있었다. 잠시 뭉클한 마음에 숙연했다.

　조상들의 피나는 노력에도 불구하고 일제 강점기에 강제 징용되어 많은 사람들이 일본으로 끌려갔다. 그중 일부는 강제로 사할린에 이주 되어 온갖 어려움을 겪으며 살았다. 그렇게 살던 이들 중 영구 귀국한 일 세대들이 집단으로 살고 있는 마을이 우리나라 여기저기 늘어나고 있다. 충북 제천에서도 그들을 받아들여 생활의 터전을 제공하고 있다. 그들은 추운 겨울을 이겨낸 보리만큼이나 강인했다. 한 번도 와 본 적이 없는 대한민국을 할아버지와 할머니께 들은 이야기만으로도 끔찍이 사랑하고 있었다. 고국이라는 그리움으로 살아오던 이·삼 세대의 애국심은 하늘을 찔렀다. 할아버지 할머니의 그 나라를 동경하며 그냥 고국이라고 생각했단다.

　이제 고등학생이 된 고려인 삼 세는 자기와 같은 또래의 한국 고등학생들은 우리나라의 역사를 바르게 알려고 하지도 않고 이해하려고도 않는 것 같다고 했다. 그뿐 아니라 사할린에 살고 있는 고려인에 대하여 아무것도 모르고 있다고 하는 것이었다. 오히려 사할린에서 살던 우리 동포 삼 세들이 우리나라의 역사에 더 관심이 컸고 더 잘 알고 있으며 자긍심 또한 대단했다. 그곳 사할린에서는 한국의 역사에 대해서는 학교

교육으로는 배울 수 없는 내용들이었다. 하지만 가정에서 할아버지 할머니께 들은 고국의 이야기가 그대로 역사였다. 그 이야기만으로 굳건해진 마음은 이미 애국자라는 생각이 들었다. 그 학생들의 이야기를 들으면서 이 나라에 살고 있는 어른으로서 부끄럽기도 했다.

매섭게 추위를 견뎌낸 보리처럼 사할린 땅에서 온갖 고초와 역경을 이겨낸 할아버지와 할머니들은 우리나라와 조상을 잊지 말라고 가르치셨단다. 그 후손들을 통하여 사할린 이주 동포 일 세대들의 나라 사랑하는 마음을 알 수 있었다. 그들의 끈기와 인내, 강인함은 조국을 지키고 자식들을 지켜내는 버팀목이 되었던 것이었다. 할머니께 대한민국의 역사를 배우고 언어를 배우면서 자란 동포 3세대는 할머니가 최고의 스승이라고 했다.

우리가 만난 이 세대와 삼 세대의 스승이었던 할아버지 할머니가 대한민국으로 영구 귀국했다. 그 후 사할린의 가족들은 할아버지와 할머니를 만나러 대한민국으로 왔다. 할머니께 이야기로만 들었던 고국에서 나의 스승이었던 할머니와 함께 살고 싶은 생각에 가족의 영구 귀국을 준비 중이라고 했다. 말이 서로 통하지 않아도 마음이 편하고 기분이 좋은 땅 고국에서 가족이 함께 살고 싶은 마음이 생겼다는 것이다. 우선 생활에 필요한 한국어를 배워야 하는데 아버지의 습득 속도가 제일 느려 소통이 잘되지 않았다. 고등학생 딸이 아버지 대신 구청을 찾고 출입국관리소를 찾아다니며 영구 귀국을 위한 서류를 준비하고 있었다. 정말 장하고 마치 추운 겨울을 이겨낸 보리보다 더 강인한 생명력을 가지고 있다는 생각이 들었다.

영구 귀국을 준비하는 소녀는 우리나라 아리랑 보존회를 찾아 할머니께 듣고 배운 사할린 아리랑을 가르치기도 했다. 아리랑은 우리나라 정통민요로 우리 국민이 살고 있는 세계 어느 나라에서든 부르는 민요다. 어쩌면 우리 국민의 강인한 생명력을 대변하는 노래는 아닐까?

매사 적극적이고 활동적인 소녀는 겨울을 이겨내고 초록의 잎으로 노래하는 청보리와 닮았다. 청보리의 생명력을 보면서 누구도 함부로 할 수 없는 민족성을 생각했다. 그런 민족성으로 살아온 사할린에서 온 동포들의 나라 사랑하는 굳건한 생명력을 요즘 나약하기만 한 청소년들이 느끼고 배웠으면 좋겠다. 따스한 햇살이 청보리밭의 윤기를 더해주고 있다.

인생의 속도

　큰 굉음을 내며 오토바이 한 대가 아슬아슬하게 곡예 질주를 한다. 길을 가던 사람들이 흠칫 놀라고 나도 한 걸음 멈춰 섰다가 걸었다. 큰 소리를 낸 오토바이는 소리의 여운을 남긴 채 골목으로 사라졌다.
　시내버스 승강장의 간이 의자에 앉았다. 시내버스를 타려는 것은 아니다. 지나가는 자동차들을 한참 보고 있었다. 버스도 가고 트럭도 지나간다. 큰 차, 작은 차, 짐을 가득 실은 차, 손님을 기다리며 달리는 택시도 있다. 그저 휙휙 지나간다. 때론 빠르게 또는 천천히 의미 없는 듯 지나갔다.
　문득 달리는 자동차를 보며 내 인생의 속도는 얼마나 될까 하는 의문이 생겼다. 몇 해 전인지 기억도 나지 않는 술자리에서 들었던 이야기가 생각났다. 우리 인생 삶의 속도는 본인의 나이와 같은 빠르기라고 했던 이야기 말이다. 그때 나는 삼십 대라 퇴직이 가까운 선배님들에게 정말 그러냐고 물으며 실감하지 못하고 웃었다. 잠이 오지 않는 컴컴한 밤중에 든 생각이다.

어제가 새해 아침인 듯 해맞이로 온 나라가 북새통이었는데 벌써 이월도 종착역이다. 어느 결에 가버렸는지 가늠이 되지 않을 정도다. 이런 인생의 속도로 달리다가 사고라도 나면 어떻게 하지? 하고 생각해 보았다. 자신도 감지할 수 없는 빠르기로 달리는 세월에 대형 사고로 돌아올까 봐 걱정된다.

이십 대, 삼십 대 젊은 친구들이 실제 자동차나 오토바이를 운전할 때 보면 무섭게 빨리 달리는 모습을 본다. 젊음의 상징인 것처럼 달리며 우월하게 생각하기도 하는 것 같았다. 나도 그때는 그랬었다. 크게 바쁜 일도 없으면서 차에만 오르면 과속을 밥 먹듯 하는 버릇이 있었다. 앞에 차가 가면 무조건 추월했고 다른 차가 앞에 가는 모습은 더욱 보지를 못했다. 지금 생각해 보니 나이에 따른 인생 속도가 있어서 그것을 맞추려고 그랬나 보다 하는 생각을 해보았다. 누가 뭐라고 하지 않아도 나이만 먹으면 저절로 빨라지는 인생의 속도를 아무도 알지 못했던 것 같다. 지금은 인생의 속도가 돌아볼 새 없이 빠르니 자동차 운전 속도는 저절로 느려진 느낌이다. 그저 천천히 즐기듯 운전하며 스스로 놀란다.

 과속과 음주 운전으로 만들어진 문명의 이기는 속도를 줄이려는 '민식이법' '윤창호법' 등 운전자와 관련된 여러 가지 법들이 많이 생겨났다. 하지만 고령자를 위한 인생 속도를 줄일 수 있는 법은 아직 하나도 없는 것 같다. 인생 과속을 멈추게 하는 법이 만들어지지 않는다면 대형 사고로 큰일이 생길 것인데 말이다.

 인생 과속을 줄이는 법을 누가 만들까? 누가 만들어 주기를 바라지 말고 각자 스스로 내 안에 법을 만들어야 할 것 같다. 내 인생의 나이와 같은 빠르기의 질주를 막기 위하여 마음속에 큰 법을 만드는 것이다. 노화를 줄여야 주어진 나이 빠르기를 잡을 수 있지 않을까 '건강'이라는 법과 질서를 내 안에 만들어 느려진 생체리듬의 나이를 깨워내야 할 것으로 생각한다.

 매사 규칙적인 생활은 기본이고 먹는 것도 적당히 운동도 적당히 그렇게 해야 과부하가 걸린 인생의 속도를 적당하게 잡을 수 있을 것이라는 생각이다.

 눈 한 번 감았다 뜨면 금방 하루가 가고 고개 한 번 숙였다 들면 한 달이 가 버리고 뒤 한 번 돌아보고 돌아서면 일 년이 훌쩍 가버린다. 빠르게 흘러가는 시간에 세상이 어지러워 잠시 누우면 아름다운 꽃길을 걸어 맑고 깨끗한 강을 건너고 있지 않을까?

너무나 빠르게 가버리는 시간 앞에서 속수무책으로 빼앗겨 버린 청춘이 아깝다.

한번 흘러간 강물을 되돌릴 수 없듯이 인생의 지난 삶도 되돌릴 수 없다. 인생은 연습도 없고 체험도 없으니까 말이다. 그래서 더 최선을 다해야 하는 것이 인생이 아닌가. 인생 나이가 젊었을 때는 나름 사회에서 보고 배울 것이 많았기에 느리게 가는 시간도 빠르게 느껴졌고 바빴고 할 일이 많았을 게다. 더구나 빨리 어른이 되고 싶었으니까 얼마나 마음이 급했을까 싶다. 그렇게 어른이 되고 보니 너무 빨리 가 버리는 시간 때문에 시간과 발맞추려 하니 숨도 차고 따라가기가 버겁다. 나를 떨치고 가 버리는 시간이 허허롭기만 하다.

한국전쟁의 주요 인물인 맥아더 장군은 "나이가 육십이다 칠십이다 하는 것으로 그 사람이 늙었다 젊었다 할 수 없다. 늙고 젊은 것은 그 사람의 신념이 늙었느냐 젊었느냐 하는 데 있다."라고 말했다.

모든 것이 마음먹기에 달린듯하다. 나이의 빠르기로 질주하는 시간에 매이지 말고 내 인생이 안고 있는 육체의 포스에 맞춰가는 영리함이 필요한 듯하다. 빠르게 가는 세월의 꼬리를 힘겹게 잡고 인생의 균형을 유지하며 행동만은 천천히 조심히 가고 있다. 내 육체의 빠르기를 생각하면서 말이다.

꽃물

여자들은 대부분 본인보다 더 예쁜 여자를 보면 질투한다. 예쁘다는 기준은 어디에 있을까. 옛날에는 눈이 크고 눈썹은 초사흘 초승달처럼 생겨야 하고 입은 작고 입술은 도드라져 도톰하고 앵두같이 빨개야 하며 코는 오똑해야 한다고 하지 않았는가. 얼굴이야 남 보기 흉하지만 않으면 되지 않을까 생각한다.

난 얼굴보다 손이 예쁜 여인이 더 부럽다. 하얗게 보드라운 살결에 손가락은 길쭉하며 손톱은 단단하고 손톱뿌리는 뽀야니 하얀 반달 모양이 선명한 손, 평생 모래놀이 한번 해보지 않았을 것 같은 손 말이다. 농사꾼의 딸이었지만 밭에 나가 풀 한 포기 뽑아보지 않은 내 손은 아버지 손을 닮았다. 손가락이 짧고 두툼하며 투박해 보이고 오른손 손등에는 알지 못할 희미하고 불그스레한 반점이 있고, 어려서 생인손을 앓아 손톱이 빠진 왼손 약손가락까지 누구 앞에 선뜻 내놓기가 힘들다.

한 번 빠진 약손가락의 손톱은 새 손톱이 나오다가 빠지기를 여러 번 반복하다가 결국 지금 남은 손톱은 뭉툭하니 누에머리처럼 생겨 보기 흉한 단백질 덩어리일 뿐이다. 이 손톱 때문에 여러 사람 앞에서 선뜻 손을 내놓지 못한 것은 초등학교 때부터였나 보다. 무엇인가 하려고 손을 내밀 때면 멈칫 약손가락을 숨기기 바빴다. 뭐 열 개의 손톱 중 한 개 때문에 그럴 수 있을까 하겠지만 난 열 손가락이 다 그런 것처럼 부끄러웠다.

빨간 봉숭아꽃이 흐드러지게 피었다. 뜨거운 햇살의 극성을 잠시 잊을 정도로 꽃은 곱고 아름다웠다. 난 그 꽃이 피는 여름이 싫다. 친구들은 봉숭아 꽃물을 들이려고 꽃이 필 때를 손꼽아 기다리는데 봉숭아 꽃물을 들이지 못하는 나는 빨갛게 꽃물이 든 친구들의 손이 부럽기만 했다.

여자라면 한 번쯤 봉숭아 꽃물을 들여 보지 않은 사람은 없을 것이다. 봉숭아 꽃물이 첫눈 내릴 때까지 남아있으면 첫사랑이 이루어진다는 속설이 있듯이 젊은 여성들 대부분은 늦여름부터 시작하여 가을이 되기까지 봉숭아 꽃물을 들였다.

요즘에는 기술이 발달하여 꽃물보다 더 예쁜 손톱 정리 기술이 발달했고, 인공 손톱이 있어 손을 예쁘게 꾸며주는 전문

직업도 생겨났다. 내가 어렸을 때 언니는 내 손을 잡고 말했다. 성인이 되면 약손가락을 예쁘게 수술해 주겠다고 했는데 내가 이십 대 때는 그런 기술이 없었다. 오십 년이 훌쩍 지난 지금은 예쁜 손톱으로 만들 수 있지만, 용기가 나지 않아 아직도 손톱 정리하는 곳엘 가보지 못했다. 부끄러운 손을 선뜻 내놓을 수 없어서다.

어릴 적 여름 방학이면 언니와 사촌들이 모여 봉숭아 꽃물을 들이던 날, 하늘엔 은하수가 물결치고 깔깔대며 즐거웠지만 나는 끝까지 손을 내놓지 않았다. 모두 손톱 위에 찧은 봉숭아꽃을 올려놓고 아주까리 잎으로 손가락을 꼭꼭 싸서 실로 친친 동여매고 할머니의 옛날이야기를 들으며 잠이 들었다. 할머니는 사위어 가는 모깃불에 생쑥을 한 줌 더 얹어 연기가 다시 피어오르도록 해주셨다. 은하수도 조는 밤, 집안이 조용해졌다. 밤하늘에 별과 달만 보고 있을 때 모두 물을 들이고 남은 봉숭아꽃 찧은 것을 가지고 방으로 갔다. 난 손이 아닌 발을 내밀고 발톱에 조금씩 올려놓고 언니들처럼 시든 아주까리 잎으로 감싸고 실로 묶었다. 손톱이 아닌 발톱에 물을 들였다.

아침이 되자 언니들의 깔깔대는 소리가 떠오르는 해도 웃게 했다. 난 방구석에 숨어서 발톱에 묶은 실을 풀었다. 은은한 붉은색이 곱게 물들어 있었다. 얼른 언니들이 있는 곳으로 달려가 발을 내놓고 자랑했다. 언니들은 봉숭아 꽃물은 손톱에 들이는 거라고 조롱하듯 더 크게 웃었다. 내 마음도 모르는 언니들이 미웠다. 나는 돌아서서 울음을 터뜨렸다. 요즘은 발톱도 손톱처럼 예쁘게 꾸미고 발찌까지 하고 다니지만 내가 어렸을 때는 맨발로 다니면서도 여자들은 발을 누구 앞에서 함부로 내놓지 않는 것이 예의였다.

나도 봉숭아 꽃물을 들이고 싶었다. 하나 못생긴 약손가락 때문에, 부끄러워 손가락에는 들이지 못하고 발가락에 물을 들인 것이다. 얼마나 부러웠으면 어린 마음을 생각하니 키득 웃음이 난다. 이젠 발톱에도 꽃물을 들이지 못한다. 각질 뿌옇게 일어나는 나이 먹은 할머니 발도 보기 싫다. 그냥 고운 추억으로 가슴에 간직하고 있을 뿐이다. 다음 생엔 나도 예쁘게 봉숭아 꽃물을 들이고 첫사랑을 기다려 볼 것이다.

바가지

하루 세 번 정해진 시각에 꺼내서 보는 보물 같은 바가지가 있다. 나와 인연이 된 지는 삼십 년은 족히 되는 것 같다. 어느 집에서나 꼭 필요할 수도 있고 그렇게 중요한 물건이 아닐 수도 있는 것이, 내게는 소중한 물건이 되었다. 요즘은 바가지를 많이 사용하지 않는다. 물을 긷지도 않고 수도가 주방까지 연결되어 있으니 말이다.

오늘도 아침 일찍 꺼내서 내 식구들의 건강을 위하여 쌀을 씻어 안치고는 깨끗한 물에 헹구어 마른행주로 물기를 잘 닦아 넣어 두었다.

내가 어렸을 적에는 우리 집 사랑채 초가지붕 위에 커다란 박이 주렁주렁 열려 있었고, 어느 집이나 박 바가지 한두 개쯤은 부엌에 걸려있었다. 어디 그뿐인가 들밥을 이고 가시는 어머니 뒤에는 늘 바가지 꾸러미를 어깨에 메고 내가 따라갔다. 들밥을 가지고 갈 때는 무조건 반찬 담는 그릇을 제외하고는 바가지에 밥을 담아 물에 말아서 먹기도 하고 다른 반찬들을 넣어 비벼서 먹기도 했다. 그때는 지금처럼 가볍고 쓰기에 편한 그릇이 거의 없었기 때문이다.

집집이 투박하고 무거운 허연 사기 사발과 대접이 흔했었다. 어디 그릇이 무겁기만 한가 서로 부딪치면 이가 빠지거나 잘 깨지고 하니 밖으로 나가는 들밥에는 적당하지 않아 가벼운 바가지를 많이 썼다. 그런데 쓰고 나면 설거지가 문제였다. 물에 말아 먹은 그릇은 괜찮지만, 비빔밥을 만들어 먹은 바가지는 고추장 물이 빨갛게 들어 닦아도 잘 지워지지 않고 빨갰다. 박속 긁어낸 하얀 속살이 수줍은 새색시 얼굴처럼 온통 곱게 빨간색으로 물이 들었다.

어머니는 들에서 돌아오시면 커다란 양푼에 물을 가득 붓고 밀가루를 풀었다. 그 물에 고추장이 묻어 빨개진 바가지를 넣고 닦은 후 새로 길어 올린 우물물에 두어 번 더 헹궈내 물기를 뺀다. 그 후에는 사다리를 길게 놓고 발을 편 후 물기 뺀 바가지를 발 위에 놓는다. 바가지는 해가 비치는 쪽을 보아야 하는데 생긴 모양에 따라 이쪽을 향하던 저쪽을 보던 제멋대로다. 그렇게 널어 두고 두세 시간이 지난 후 해가 설핏해지는 저녁때가 되면 바가지를 걷으러 간다. 신기했다. 빨갛게 물들었던 고추장 물이 어디로 갔는지 흔적도 없고, 금방 속을 긁어내 삶은 바가지처럼 하얗게 되어 있다.

　새 바가지처럼 깨끗해진 것을 보며 어릴 땐 해님이 요술쟁이인 줄 알았다. 그렇게 말린 바가지는 긴 줄에 꿰어 다음 들일할 때까지 어두운 광에 보관된다. 어머니가 농사 일을 하시던 그때는 모든 일을 몸으로 해야 했다. 일을 하다가 새참도 내가야 하고 때가 되면 들밥도 내가야 했었다. 요즘은 일도 농기계를 이용하고 들밥도 식당에 주문하여 배달해서 먹는다. 같은 일을 해도 요즘은 편하게 하는데 어머니의 고달픔은 하늘을 찔렀다.

　이렇게 쓰이던 박 바가지가 우리네 주방에서 점차 사라지기 시작한 지는 오래되지 않았다. 큰 범위의 플라스틱이 연구되기 시작한 것은 1930년 일제 강점기지만 실용적이고 가벼우며 색깔도 다양한 플라스틱이 등장한 것은, 역사가 그리 오래되지 않았다. "원하는 모양으로 가공할 수 있다."라는 어원을 가진 플라스틱이 등장하며 우리 주방에는 획기적인 혁신이 일어났다. 바가지에서부터 반찬통, 물통 등 색깔도 모양도 다양한 것들이 주방을 차지하기 시작했다. 그 외에 수도 시설이 주방에까지 직접 들어오게 되므로 옛날처럼 바가지를 많이 쓰지 않았다. 그뿐 아니라 집집이 전기밥솥을 쓰고 있으니, 바가지는 더욱 필요하지 않은 물건으로 되었다. 모두 내솥에 직접 쌀을 씻어서 밥을 짓는다. 나는 내솥의 안전을 위하여 항상 쌀을 바가지에 담아 씻어서 솥에 넣고 밥을 하기에 아직도 바가지는 없어서는 안 되는 도구 중 하나다.

우리 집 주방에는 다른 집에는 없는 파란색 플라스틱 바가지 하나가 소중하게 대접받고 있다. 주황색 바가지를 깨진 채로 사용하고 있었는데 친정어머니가 파란 바가지를 사 오셔서 사용하기 시작한 것이 지금까지 쓰고 있다. 삼십 년은 족히 되었다. 매일 하루 세 번씩은 마주하며 친정어머니 대하듯 반갑다. 마치 어머니가 지금도 우리의 건강을 지켜주고 계신 것 같아 조금이라도 더 오래같이 하고 싶어서 사용한 후에는 꼭 마른행주로 물기를 꼼꼼하게 닦아서 보관하고 있다. 내 주변에 어머니의 손길이 닿은 물건이 많이 있지만 매일 마주하는 물건은 바가지뿐인 것 같다. 바가지를 보며 따뜻한 어머니의 정을 듬뿍 느껴본다.

새벽 여명이 가시기 전 바가지를 꺼내 마주했다. 하얀 쌀을 넣고 조물조물 씻어 헹구어 본다. 뽀얀 쌀뜨물 위로 어머니의 환영이 보인다. 아직도 어머니의 사랑 안에서 우리의 건강이 더 단단해지는 것 같았다. 오래되어 이젠 빛깔도 조금 바래가는 파란 바가지가 어느 비싼 그릇보다도 정이 가고 소중하다. 날마다 어머니를 마주하듯 바가지를 대하면 반가우면서도 밥 하는 의식을 치르듯 마음이 엄숙해졌다.

하나 많은 플라스틱 종류가 생산되며 생활에 편리한 점은 있으나 환경에는 더 크게 문제가 되었다. 생활에 편리한 만큼 버려진 폐플라스틱들은 몇백 년을 썩지도 않고 공기오염 문제로 불에 태울 수도 없는 상황이 되어 사용을 줄여야 하기도 하지만 연구에 연구를 거듭하여 생분해가 가능한 바이오 베이스 플라스틱을 생산하기에 이르렀단다. 환경도 지키고 생활에도 편리한 물건들이 만들어졌으면 좋겠다. 그래도 내가 사랑하는 파란 바가지는 환경오염의 주범이 되니까 오래도록 깨지지 않게 가지고 있을 것이다. 희미해져 가는 어머니의 사랑과 함께 말이다.

김장

   금방이라도 눈이 내릴 듯한 회색빛 하늘이 무거워 보이는 날씨다. 하얀 눈이 내리는 날 손을 호호 불며 담그는 김치가 제일 맛있다는 글을 읽은 적이 있다. 옛날 보관하기 힘든 시절 김장하는 시기를 이야기하는 것 같다.

   결혼하고 처음으로 혼자서 김장하던 날이다. 친정어머니가 하시던 대로 배추와 양념 채소들을 준비했다. 한 번도 김장을 직접 해본 적은 없지만 재료를 준비하는 것은 쭉 보아왔다. 요즘이야 김치도 사 먹고 된장도 사 먹는 편한 시대가 되었지만 불과 몇 년 전만 해도 몇몇 집을 제외하고는 있을 수 없는 일이었다. 장을 담고 김장하는 일은 각 가정에서 일류지 대사처럼 생각했었다.

   장이 그 집안의 음식 맛을 좌우하고 김치 또한 집안 음식 맛을 알아보는 척도가 되기도 했다. 그래서 장 담그는 날은 신성시하고 이웃집 방문도 조심했나 보다. 문득 우리 집안에는 어떤 음식이 집안을 대표했던 음식이었을까 잠시 생각했다. 가끔 텔레비전에서 이름있는 종갓집 이야기가 나오고 대대로 전해왔다는 음식 이야기가 나오면 부러운 적이 있었다.

김장하는 날 시어머님은 우리 집만의 김치맛을 위하여 어떤 젓갈을 쓰셨으며 그 많은 김치 중 어떤 김치가 대표 김치였을까. 손이 귀하고 주변에 어른들이 안 계시니 아무도 나에게 집안의 음식뿐 아니라, 집안의 어떤 이야기조차도 해줄 사람이 없었다. 남편까지도 일찍부터 외지로 나가 공부하느라 하숙집 생활을 오래 해서 어머니가 해주셨던 김치맛도 기억하지 못하고 있는 듯했다. 분명 어머님은 음식 솜씨가 좋았다고 시고모님께 들었는데 말이다. 김장하려고 배추를 들여놓고 보니 돌아가신 시어머니 생각에 눈물이 핑 돌았다. 나도 결혼하면 한 번쯤은 시어머님과 함께 김장을 해보고 싶었는데 말이다.

뻣뻣하고 씩씩했던 통배추를 반으로 잘라 짭쪼름한 소금물에 목욕을 시켰다. 노오란 속살을 드러낸 배추는 12월의 찬물에도 배시시 웃으며 하얀 소금으로 마사지를 받고 나더니 뻣뻣하기가 하늘을 찌르던 배추가 두 손 모으고 다소곳하니 얌전해졌다. 배추 본연의 모습은 어디로 가고 보드레하니 몰랑

몰랑 해지고 있었다. 배추가 제법 잘 절여진 모양이다.

　밤새 절인 배추를 건져내어 깨끗한 물에 헹구어 바구니에 담아 물기를 빼면서 김치의 소 만들 채소를 준비했다. 무, 미나리, 쪽파, 붉은 갓, 대파까지 준비해 놓고 밤새 간 마늘과 생강을 갈았다. 찹쌀 풀도 준비하고 채소 육수도 마련하여 식혀두었다. 어느새 나와 절인 배추 둘레를 양념이 빙 둘러쌌다. 어떻게 하지? 여기까지 준비하고 잠시 머리가 하얘졌다. 재료 준비를 모두 끝낸 다음에는 어떻게 해야 하는지 물어볼 사람도 없고 잠시 넋이 나간 듯 앉아 있었다. 천천히 친정어머니가 하시던 차례를 조용히 생각해 보았다. 친정어머니는 김장철이 돌아오면 제일 먼저 통째로 담은 황석어 젓갈을 한 양철통 사서 끓이고 걸러서 젓국으로 보관했다가 사용하셨다. 난 젓갈 넣은 김치가 싫어서 잘 먹지 않았었다. 하지만 김치의 영양을 생각해서 멸치 액젓을 준비하고 새우를 더 샀다.

　김장하면서 생각해 보니 가장 많이 먹는 배추김치는 가족의 사랑과 함께 화합의 마음이 깃들어 있는 것 같다고 생각되었다. 고춧가루, 젓국, 육수가 서로 어우러지듯 고부간의 잔잔한 갈등도 잠재우는 날일 수 있는데 나는 혼자서 김장을 해본다. 고부 사이는 금방 좋을 수도 있지만 서로 다른 가정의 문화 속에서 이십 년 혹은 삼십 년이 넘게 살다가 만났으니 어찌 금방 친해질 수 있을까, 하지만 서로 잘 어울린 김치의 소처럼 하루 이틀 함께 할수록 맛있는 김치의 소 같은 고부 사이로 친해질 수 있었을 것이란 생각이 들었다. 시어머님은 아니지만 팔 개월이 넘은 만삭의 몸이니 아가와 둘이 신혼의 첫 김장을 했다.

 큰 함지박에 고춧가루를 넣고 육수와 젓국을 넣은 후 섞으면서 시어머니는 어떤 분이셨을까 생각해 보았다. 고춧가루처럼 매운맛이었을까, 젓국처럼 짭짤했을까 혼자서 상상해 볼 뿐이다. 아마도 시어머니는 채 썰어 놓은 무 같지 않았을까 생각했다. 물기 있는 하얀 속살로 양념들이 고춧가루와 서로 잘 어울리도록 알맞게 간을 맞추어 주는 역할을 하듯 그런 시어머니였을 것이다. 나를 매우 사랑하는 남편을 보면 시어머님도 분명 나를 많이 예뻐해 주고 사랑해 주셨을 거라고 상상해 보았다. 노란 배추의 속살 켜켜이 잘 버무려진 빨간 소를 넣고 배추의 겉에도 발랐다. 시어머니의 매운맛을 곱고 여린 며느리에게 전하며 사랑을 키우듯 배추를 달래가며 소를 넣었다. 김치를 담그다 보니 어느새 깍두기까지 모두 버무린 후였다. 깍두기를 김치통에 담고 일어서려니 오금이 잘 펴지지 않는 느낌이었다. 김치를 담느라 힘든 내 몸보다 혼자서 담고 있었다는 마음이 더 외로웠다.

 시어머님이 옆에 계셨더라면 눈이 내려 추운 김장하던 날이 포근했을 텐데 하는 생각이 들었다. 빨간 고춧가루와 하얀 무채, 썰어 놓은 초록색 채소들이 서로 어울리지 않을 것 같았지만 서로서로 이해하고 포용하여 맛깔스러운 김치의 소가 된 것처럼, 시어머님과 나도 잘 버무려지고 어우러진 김치처럼 맛깔스러운 시집살이를 했을 텐데 말이다. 빨갛게 버무려진 소가 노란 배추를 곱게 물들이지만 보드레해진 배추는 거부하지 않고 그대로 받아들이며 어울리고 말았다. 소담스럽게 먹음직스러운 김치가 된 것이다.

  김치를 담그며 인생을 배웠다. 처음엔 서먹하고 낯설어도 서로 잘 어울려 섞이고 곰삭은 김치처럼 서로를 배려하고 가랑비에 옷 젖듯 스며들며 화목하게 살아가라는……. 김장을 마치고 나니 조금씩 어둠이 내려앉기 시작했다. 몸이 피곤하고 많이 지쳤지만, 오늘 밤 꿈속에는 시어머님을 꼭 만나 뵙고 싶다.

제2부

동행

오빠와 나란히 걸으면서
나에게도 기댈 수 있는 태산 같은
길어깨가 있다는 것에 두려워할 것이 없고
든든하며 당당했다.
- 〈길어깨〉 중에서

사랑
다방과 전설의 고향
길어깨
칫솔
뻐꾸기
시샘달
수건
유통기한
친구
물

사랑

　방송이 나를 울렸다. 내가 눈물이 많은 탓도 있겠지만 보기보다 마음이 너무 여려서 조그만 감동에도 눈물을 철철 흘리며 잘 울었다. 특히 부모 형제 이야기에는 크게 공감하며 홍수라도 난 듯 눈물을 흘렸다.
　어머니를 위해 아들이 부르는 노래와 어린 아들을 위하여 특수 질병을 앓고 있는 아버지가 부르는 노래, 사랑하는 남자 친구를 위해 노래하는 여인의 애절함에는 가족이라는 고리와 끊을 수 없는 사랑이 듬뿍 들어있었다. 그 아름다운 사랑에 왜 가슴이 저리고 눈물이 나는지 모르겠다.
　홀로된 어머니를 지키겠다고 중학교 2학년 때부터 어머니의 경호원이 되었다는 아들이 어머니를 호강시켜 드리고 싶다고 부르는 절절한 사모곡에 가슴이 턱 막혔다. 아버지의 가정

폭력으로 고생하시던 어머니가 여자의 몸으로 혼자 살아갈 때 아들은 어머니의 버팀목이 되었었다. 나는 어머니를 위하여 어떤 일을 해본 적이 있는가 생각하게 했다. 지금은 무엇을 해 드리려고 해도 어머니가 옆에 계시지 않는다. 어머니에 대한 그리움에 두 줄기 눈물이 볼을 타고 흘렀다.

　겨우 눈물이 멈출 즘에 사회자의 인도를 받으며 무대에 오르는 아름다운 여인은 시각장애를 가지고 있었다. 갓난아기였을 때 고열로 인하여 시신경이 상하여 앞을 볼 수 없게 되었단다. 신비스러운 이 세상을 한 번도 본 적이 없다고 하며 마음으로 보는 세상은 너무 아름답고 행복하다고 했다. 속으로 아름다운 긍정의 마음이 외모로 나타나나 보다. 고운 마음보다 외모는 더 아름다워 보였다. 그냥 환하게 밝아 보였다. 어떤 장애인이 했던 말이 생각났다. "장애를 가졌다는 것은 조금 불편할 뿐이지 불행하지 않다."라고 했던 말이 이 여인을 두고 한 말인 것 같았다.

　환하게 웃던 여리디여린 그 여인이 힘주어서 하던 말, 사랑하는 사람이 생겼단다. 그 남자 역시 망막색소변성증으로 점점 시력이 떨어지고 있어 언제가 될지 모르지만, 세상의 빛을 볼 수 없게 될 것이라고 했다. 그때 처음으로 눈을 뜨고 싶다고 생각했단다. 사랑하는 사람을 위해서 손과 발이 되어주고 싶어서라고 이야기했을 때 내가 그녀인 것처럼 큰 소리로 흐느껴 울었다. 가슴 속 진정한 그녀의 사랑이 느껴졌다. 담담하게 이야기하는 그 여인의 한마디 한마디가 가슴을 아프게 했다. 한때 세상을 볼 수 없음에 비관했던 적도 있고 남자 친구의 애틋한 사랑 표현을 볼 수 없는 여인이지만 행복함에 세상을 모두 얻은 것처럼 보였다. 사랑하는 예비 남편과 시어머니를 위하여 부르는 잔잔한 노래는 모두의 심금을 울리고 있었다.

가족이란 무엇일까.

사랑이란 또 무엇일까.

먹먹한 가슴에 묻고 또 물어보았다. 내 가슴이 느낀 감정을 그 무엇으로도 표현할 수가 없었다. 다만 그 감정이 눈물 되어 흘러내렸다. 나도 이런 가족의 깊은 사랑을 직접 느껴본 적이 있다. 벌써 이십 년이 넘었나 보다. 돌아가신 어머니가 편찮으셔서 중환자실에 계실 때였다. 통증에 시달리시던 어머니는 점점 삶의 끈을 놓아가고 있었다. 어머니께서는 심한 통증의 고통을 이겨낼 힘이 더 이상 없었던 것이었다. 저녁 면회 시간이 되어 형제들이 모두 모였다. 이제 준비하셔야 할 것 같다고 의사가 말했다. 그날 저녁이 고비가 될 것 같다고 의사는 다시 한번 더 말하며 가족 중 한 분이 보호자 대기실에서 기다리라고 했다. 이미 생각하고 있었으면서도 우리 형제들에게는 청천벽력 같은 소리였다. 그 소리를 듣고도 어머니를 홀로 병원에 둔 채 집으로 왔다. 마음도 발걸음도 천근만근 무거웠다. 이렇게 속수무책일 수가 어머니를 위하여 우리가 할 수 있는 것은 아무것도 없었다. 그냥 애만 태울 뿐이었다.

 그날 밤 집으로 돌아온 나는 잠을 잘 수가 없었다. 눈물로 어머니께 편지를 썼다. 어머니가 이 편지를 읽을 수가 없을지도 모른다고 생각하면서도 어머니가 우리에게 얼마나 소중한지 가족이 얼마나 어머니를 사랑하는지 울다가 편지를 쓰다가 정신을 차려보니 아침이 되었었다. 다행히도 어머니는 무사히 밤을 보내주셨다. 이른 출근 시간 때문에 일찍 면회를 부탁하여 눈도 뜨시지 못하는 어머니께 편지를 전해드리고 눈물로 출근했었다. 학교에서도 마음이 초조하여 일도 손에 잡히질 않았다. 그렇게 긴 하루를 보내며 퇴근 시각이 되어 병원으로 달려갔다.

 종일 애를 끓이다가 왔는데 먼저 면회를 마친 큰오빠가 밝게 웃으며 나왔다. 무슨 상황이지 의아해하면서 중환자실로 들어서니 사경을 헤매시던 어머니가 우리를 알아보고 빙긋이 웃는 것이었다. 깜짝 놀라 간호사에게 물으니, 눈물로 쓴 편지 덕분이란다. 어머니 침상 머리맡에는 편지가 수북하게 쌓여있었다. 아들들도 며느리들도 딸, 사위 손주들까지 약속이라도 한 것처럼 밤새워 편지를 써 왔던 것이었다. 눈도 뜨시지 않던 어머니께 간호사가 옆에서 읽어 드렸단다. 그 편지 내용을 듣고 눈물을 주르르 흘리시던 어머니는 스스로 삶을 포기하지 않으셨다. 자식들의 애절한 사랑의 마음을 놓을 수가 없으셨나 보다.

방송에 출연한 출연자들의 눈물 어린 사연도 마찬가지다. 자식이 있어 힘들고 고달픈 시간을 견딜 수 있었고 이젠 그 자식이 어른이 되어 부모를 위하여 노래 부르며 어머니를 위해서라면 무엇이든 다할 수 있다고 말하는 모습을 보니 가슴 뭉클하고 눈물이 났다. 앞을 보지 못하는 시각장애가 있어도 사랑하는 마음이 있기에 남자 친구의 고운 마음도 느낄 수 있고 아름다운 세상도 마음으로 볼 수 있는 것은 아닐까.

사랑의 힘은 정말 위대하다. 부모의 사랑은 자식의 버팀목이 되고 자식의 사랑은 부모님의 든든한 울타리가 되니 어찌 사랑을 버릴 수가 있단 말인가. 그 힘이 있기에 아무리 힘들어도 견딜 수가 있는가 보다. 방송을 보면서 끈끈한 가족 간의 사랑을 한 번 더 느껴보며 마법 같은 사랑의 힘 때문에 부모 형제가 그리운 아침이었다. 남자 친구를 위하여 한 번도 보지 못한 세상의 아름다움을 노래하는 그 여인은 천사처럼 보였다. 천사의 노래를 들으며 세상은 아직 살아 볼만하다고 생각했다. 서로의 사랑은 힘이 되고 행복의 밑거름이 되었다. 마법 같은 사랑의 힘은 아픔의 고통도 슬픔도 구제가 되는 것 같았다.

다방과 전설의 고향

하얀 커피잔에 모락모락 커피가 식어가고 있었다. 창밖의 황홀한 풍경에 정신을 빼앗겨본다. 흐린 날씨지만 차분함을 느끼게 하는 오후다. 따뜻한 커피의 쌉싸래한 맛이 머리를 맑게 해주었다.

우리나라에 커피가 처음 들어온 것은 십구 세기말 서양인들에 의해 처음 들어왔다. 당시 고종은 대표적인 커피 애호가였다. 그때 들어 온 커피를 내가 처음 접하게 된 것은 대학교를 입학하고도 한참 후였던 것 같다. 고등학교 때 잠을 쫓으려고 커피를 마시며 공부했다는 친구도 있었다. 하지만 칠십 년대 초만 해도 일반가정집에서 커피를 마시는 일은 그리 흔하지 않았다. 산골 마을에서는 더욱 없는 일이었다. 요즘은 많은 사람들이 따뜻한 커피 한 잔으로 하루를 시작한다. 거리에 나서면 한 집 건너 한 집이 커피를 마실 수 있는 카페다. 하나 내가 고등학교 다닐 때만 해도 청주 시내에는 성안길에 서너 곳과 터미널 같은 곳을 제외하고는 쉽게 다방을 찾을 수가 없었다. 그때의 다방은 건물의 지하에 많았고 지상에 있어도 온통 유리창을 막아 햇빛을 차단했다. 왜 다방은 불빛이 희미하고 어둠침침하게 꾸몄을까. 거기에 끽연 자들이 뿜어내는 담배 연기까지, 지금 생각하니 사람들이 살고 있는 지옥과 같았다는 생각이 들었다.

그런 속에서 과거나 현재나 변함없는 것이 한 가지가 있다. 다방은 단순하게 커피를 마시는 공간이 아니라 커피를 매개로 많은 사람들이 모였던 곳이다. 사람들이 만나서 정보를 나누고 소통하는 사회적 공간이었다. 서로 역사와 문화를 연결하는 통로 역할은 물론 예술가와 철학자들이 모여 그들만의 생각을 나누며 창작의 영감을 얻는 장소가 되기도 했다.

시골뜨기인 나는 어쩐지 어둠침침한 다방에 들어가려면 비행 청소년 같아 조금은 위축된 마음으로 들어갔었다. 그렇게 우리의 사랑을 꽃피우기 시작한 곳도 다방이었다. 지금이야 발달 된 통신망에 누구나 편안하게 쉴 수 있게 조성된 공원 등 걷기도 하고 자연도 즐기며 데이트를 할 수 있는 공간이 많이 있다. 하지만 내가 이팔청춘이었던 그때만 해도 둘만이 만날 수 있는 공간은 그리 많지 않았다. 해서 가게 된 곳이 다방이었다. 담배 연기 가득하고 홀아비 냄새가 제대로 나는 주차장 다방, 지금 생각하면 쿡 하고 웃음이 난다. 처음에는 못 갈 곳을 들어가는 것처럼 어색하기만 했는데 몇 번 가보니 괜찮아졌다.

그것처럼 우리 부부에게 커피는 사랑의 씨앗을 가슴에 심어 키우는 자양분이 되었다. 결혼하기 전 우린 한 달에 한두 번 토요일 오후 충주 시외버스 터미널 ○○다방에서 만났다. 물론 김이 모락모락 피어오르는 커피잔이 두 개 테이블 가운데 놓였다. 우리는 그 커피가 다 식을 때까지 한마디 말은 하지 않았다. 오직 눈길만 같은 방향을 응시했다. 두 사람이 보고 있는 것은, 넓은 벽 쪽에 놓여있는 작고 오래된 브라운관 텔레비전이었다. 커피잔을 사이에 놓고 거창한 문화를 이야기한 것도 아니고 미래의 우리 둘만의 사랑을 속삭인 것도 아니었다. 그 당시 유행하던 텔레비전 프로그램 '전설의 고향'을 깊이 빠져들어서 보았다. 우리가 어린 시절부터 성인이 되어서까지 많이 보았던 프로그램이다. 그때 나왔던 이야기들은 처음 시작은 대부분 주인공이 가난하고 고생하며 구박받고 살다가 끝에는 나쁜 사람이 벌을 받고, 인내하며 착하게 살아온 주인공은 복을 받는다는 이야기였다. 우리나라 전국 구석구석에 있는 효자 효부 열녀 등 마을들에 얽힌 이야기들로 때론 울기도 하고 웃기도 하며 보았다. 이야기의 주제는 권선징악적인 이야기를 생활의 덕목으로 삼아 삶을 바르게 살라는 교훈을 주려는 것이었을 게다.

지금도 생각나는 이야기는 우리 고장 영동에 살던 효자의 이야기였다. 아들은 병환 중에 있는 어머니를 살리고자 백방으로 노력했지만, 어머니의 병세는 점점 나빠져 갔다. 어느 날 지나는 스님이 산삼을 먹어야 나을 수 있다고 하여 산삼을 캐러 산으로 가지만 캐지를 못하고 산소 옆에서 잠이 들었다. 꿈 속에 선명하게 빨간 열매가 달린 산삼을 보고 캤다. 집으로 오려는 데 갑자기 나타난 젊은 청년 귀신이 피를 흘리며 내 다리를 내놓으라며 쫓아왔다. 그를 피하여 죽을힘을 다해 집으로 돌아온 아들은 가지고 온 사람의 다리를 솥에 넣고 삶았다. 다음 날 아침 어머니께 밤새 삶은 물을 드리려고 솥을 열어보니 그 안에는 커다란 산삼이 들어있었다. 그 후로 어머니 병이 다 낫고 오래오래 살았다는 효자의 이야기는 잊을 수가 없었다.

'전설의 고향'이 끝나고 나면 커피는 싸늘하게 식어서 쓴맛이 더 강해졌다. 차갑게 식은 쓴 커피를 마시고 나면 우린 다른 목적지의 차표를 한 장씩 들고 각자 차에 올랐다. 사랑하는 사람이 만났지만, 손 한번 잡아 보지도 못하고 달콤한 사랑을 뒤로하고 다음 만날 때까지 커피의 쓴맛 같은 이별을 했다. 커피잔을 가운데 놓고 미래를 약속하거나 사랑을 이야기해 본 적은 없지만 시간이 흘러 결혼했다. 지금 생각하면 '전설 따라 삼천리'에 나오는 이야기처럼 밋밋한 옛날식 사랑을 했다. 그래도 그때 보았던 '우렁각시' 전설처럼 남편 보필 잘하면서 알콩달콩 살고 있다. 그때의 식은 커피는 우리 인생살이의 힘이 되어준 것이다.

　우리는 지금 그 옛날 다방과 같은 카페의 밝고 넓은 자리에 모여 앉았다. 나이 칠십이 무색하게 시끄럽고 사춘기 소녀들처럼 깔깔깔 웃어 댄다. 글쓰기 공부를 하는 모임이다. 배움 앞에서는 어른도 아이처럼 되는가 보다. 각자가 주문한 커피는 물론 빛깔 고운 차까지 기억력이 쇠퇴하고 표현력이 어눌해지는 우리의 머리에 윤활유가 되어 고운 생각을 정리해 준다. 사색에 어울리는 따끈하고 구수한 커피를 마주하고 그 커피가 식을 때까지 서로의 예쁜 생각을 이야기했다.

길어깨

　함박눈이 내린다. 한겨울 눈이 쌓인 바깥 풍경을 보면 육십 년 전 그 암담했던 시절이 생각난다.
　그날도 하얀 눈이 나풀거리며 내리고 있었다. 내가 어렸을 적에는 요즘보다 눈도 많이 내리고 더 추웠다. 아침부터 내린 눈이 무릎까지 차 길도 제대로 분간이 안 되는데 박 선생님은 걸어서 우리 집을 찾아오셨다.
　안방에 계시던 아버지는 문도 열어보지 않고 단호하게 "안 보냅니다." 한 마디로 선생님을 돌려보냈다. 눈에 빠져 한 걸음도 움직일 수 없는데 바짓가랑이는 다 젖어버리고, 추운 마당에 서 계시던 박 선생님은 아무 말 없이 돌아섰다. 셋째 오빠는 골방에서 눈물을 훔치며 문틈 새로 숨죽여 보고 있었다. 이후에도 선생님은 우리 집을 찾았고 희망이 없던 오빠의 인생에 들보처럼 꿈과 용기를 주는 길어깨가 되었다.

길어깨란 단어를 처음 들었을 때 참 따뜻하고 정감이 갔다. 하지만, 예쁜 말의 의미를 잘 몰랐다. 길어깨는 도로의 갓길이란 단어를 쓰기 전에 사용하던 말이라고 했다. 도로 위의 갓길은 운전하는 사람들에게는 생명의 공간이요, 삶의 공간이 아니던가.

아버지의 연이은 사업 실패로 끝없는 암흑이 계속되던 우리 집에, 보이지 않는 청신호가 켜졌다. 박 선생님의 끈질긴 삼고초려로 아버지는 지원서에 도장을 찍으셨고, 오빠는 마감 직전에 후기 고등학교에 입학원서를 제출할 수 있었다. 고등학교에 입학한 오빠는 읍내 서점에 입주 가정교사로 들어가 중학생을 가르치며 학교에 다녔다. 힘들게 고등학교를 졸업한 오빠는 자신의 꿈에는 미치지 못했지만, 대학에 진학했다.

집안에서는 빚잔치가 벌어졌고 오빠는 청주로 이사를 가자고 아버지께 말씀드렸다. 하나 아버지는 고향을 떠나면 다 거지가 된다고 꿈쩍도 하지 않으셨다. 요지부동이었던 아버지께 이야기를 꺼낼 때마다 꾸중을 들어가면서도 오빠는 끈질기게 졸랐다. 결국 우리 가족은 청주로 이사했다. 집 사고 이사하느라 생긴 빚은 고스란히 셋째 오빠 몫이 되었다.

대학을 졸업한 오빠는 다행스럽게도 바로 발령이 났고, 아래로 동생들 삼 남매에게 기댈 수 있는 길어깨가 되어주었다. 오빠한테 가장 큰 혜택을 받은 사람은 바로 나였다. 언감생심 고등학교 입학은 꿈도 꿔본 적이 없는데 중학교 삼 학년 가을이 되었을 때, 오빠는 흔쾌히 고등학교 지원서를 내라고 했다. 공무원 시험을 보더라도 졸업장은 있어야 한다고 말이다. 당장 먹고사는 것도, 힘든 집에서 딸을 고등학교에 보낸다는 것은, 꿈도 꾸지 못할 일인데 "제가 동생들 학비는 책임지겠습니다." 하는 오빠의 단호함에 아버지도 허락하셨다.

고등학교 입학시험을 보러 가던 날도 오빠가 동행해 주었다. 오빠와 나란히 걸으면서 나에게도 기댈 수 있는 태산 같은 길어깨가 있다는 것에 두려워할 것이 없고 든든하며 당당했다. 우리는 오빠의 어깨에 기대고 있었지만, 어머니의 고생이 없어진 것은 아니고 오빠와 함께 무거운 짐을 나누어진 것뿐이었다.

분기마다 나오는 수업료 고지서를 받는 날은 십육 절 종이 한 장의 무게가 천근만근에다 심장이 툭 멎는 느낌이었다. 그날 저녁 집으로 돌아오면 어머니 얼굴을 바라볼 수가 없었다. 내가 느끼는 무게보다 어머니가 느낀 고지서의 무게가 더 무거웠을 것을 생각하면, 가슴 한구석에서 찬바람이 휭 돌아나간다. 어머니와 오빠 앞에 고지서를 내미는 손이 언제나 미안하고 힘들었다.

　마감일 때문에 늘 아슬아슬했지만, 한 번도 서무실에 불려 간 적이 없었다는 것이다. 고지서를 받아 들고 아무 말 못 해도 눈치로 알아차렸던 오빠가 산처럼 등 뒤에 있었기 때문이다. 누구보다 어렵게 공부했던 오빠였기에 동생들을 이해하고 배려했다.

　오빠는 마음 놓고 데이트 한번 해보지 못했을 것이다. 대출금 갚으랴, 동생들 학비 대랴, 적은 월급으로 감당하기 힘들어 자신을 돌아볼 여유가 없었다. 오빠 덕분에 나는 무사히 졸업하고 선생님이 되었다.

　내가 교사가 될 수 있었던 것은, 정말 오빠의 조건 없는 희생 때문이라는 생각이 들었다. 지금 생각해 보면 형제라는 이름 때문에 보상 없는 희생을 했던 오빠가 고마울 뿐이다. 어떤 어려움 속에서도 기죽지 않고 어깨에 힘이 가득했던 오빠는 지금도 우리에게 든든한 인생 쉼터다. 오빠는 절망의 순간에 기꺼이 길어깨가 되어주신 박 선생님께 보답하는 마음으로 늘 주변을 돌아보고 살았던 것 같다.

　팔순을 앞둔 오빠는 인생의 깊은 가을에 접어들었고 희끗희끗한 백발에는 나의 걱정도 한몫했을 터인데, 그저 쓸쓸하니 서산에 넘어가는 노을빛처럼 보여 안타깝다. 오늘도 오빠는 눈 속에 산행하러 간다며 안부 전화를 걸어왔다. 우직한 부모 마음으로 '너만 잘살아라.' 기도하는 오빠가 건강하고 행복했으면 좋겠다.

칫솔

나는 하루 두 번씩만 이를 닦는다. 다른 사람들은 매일 세 번씩 만난다고 칫솔이 투덜대도 나는 두 번이면 족하다고 칫솔에 일침을 주었다.

칫솔은 사랑을 받을수록 모가 둥그렇게 밖으로 말리고 가운데는 가르마처럼 길이 생긴다. 자주 사용해서 칫솔모가 갈라지며 길이 생기지만 영문도 모른 채 칫솔은 버려지거나 화장실 어느 구석에 던져지고 만다. 나도 가끔 칫솔을 무시하고 마음에 들지 않는다고 내던져버리고 새것을 꺼내 보지만 칫솔은 생김새 자체가 딱히 정이 가는 모습은 아니다.

우리 할머니는 평생 구운 소금을 갈아 손가락에 찍어 이를 닦으셨지만, 버리는 낡은 칫솔은 무척 좋아하셨다. 할머니는 핑크빛 손잡이가 달린 칫솔을 들고 하얀 고무신 앞에 마주 앉는다. 무뎌진 칫솔을 들고 도드라진 고무신의 코부터 살살 문지르시며 구석구석 낀 검은 때를 문질러 뽀얗게 닦아 마루 끝에 세워두셨다. 할머니가 깨끗하게 닦은 고무신 위로 따뜻한 햇살이 살금살금 지나갔다. 햇빛은 고무신 위에 자욱이 남을까 봐 까치발로 걷는 듯했다. 뽀얗게 윤이 나는 할머니 고무신은 정말 예뻤다.

 칫솔은 오늘 아침에도 내 입안 구석구석을 일주하며 몰래 숨어있는 찌꺼기를 끄집어냈다. 어느새 찌꺼기들은 하얀 거품을 타고 입안으로 모여 밖으로 주르륵 나온다. 빨갛게 부어오른 잇몸을 칫솔모가 스치는데 선홍색 피가 흐른다. 오른쪽 구석에서 앞니를 지나 왼쪽으로 가니 지난번 신경치료를 받던 어금니가 보이지 않는다. 순간 칫솔모가 멈칫하며 그래서 며칠 동안 시무룩한 표정이었구나 하고 생각하는 것 같다. 칫솔은 내 친구처럼 입안에서 일어나는 모든 변화를 알고 있었던 것 같다. 입안 구석구석을 다니며 입안에서 일어나는 일을 모두 알고 있는 칫솔처럼 나에게는 내 마음을 이해하고 위로해주던 입안의 칫솔 같던 친구가 있었다.

 그 친구는 고등학교 삼 학년 때 같은 반에서 친하게 되어 대학까지 같은 강의실에서 공부하고 졸업했다. 우린 서로 학교에 발령받기 전까지는 날마다 만났다. 칫솔이 날마다 우리 입속을 청소하듯이 말이다. 우리가 고 삼 때 처음 샤프 연필이 유행하기 시작했다. 모두 그 신기한 연필을 한 자루씩 사서 연필을 깎지 않고 편리하게 쓰고 있는데 난 그것 한 자루 사서 쓸 형편이 되지 않았다. 쉬는 시간이면 나무 연필을 깎아서 썼다. 집에서 여러 자루의 연필을 깎아서 가지고 가지만 하루 여덟 시간 수업에 유독 연필을 많이 쓰는 날이 있었다. 눈여겨보던 친구가 불쑥 뭔가를 내밀며 연필 깎는 시간 아끼라고 했다. 내가 그토록 갖고 싶었던 샤프 연필이었다. 친구도 그리 넉넉한 형편은 아니었는데 시간 아끼라고 사준 그 샤프 연필을 아까워서 마음대로 쓰지 못했다. 우리는 서로 격려하며 열심히 공부했고 같은 대학 시험에 나란히 합격했다.

  낭만의 대학 시절이 시작되고 내 인생 꿈의 절정기였던 그 시절, 친구들이 점심을 먹으러 갈 때면 친구들이 눈치채지 못하게 나는 슬슬 뒤로 빠졌었다. 점심값을 아껴볼 요량이었다. 나와 친한 친구가 눈치를 챘나 보다. 한사코 내 손을 잡아끌었다. 어쩔 수 없이 따라갔어도 점심값이 부족해 불안했다. 그때 다른 친구들이 눈치채지 못하게 돈을 계산하며 얼렁뚱땅 넘겨주었던 친구가 어찌나 고맙던지 눈물이 핑 돌아 뒤돌아서서 훌쩍거렸다. 주머니 사정이 넉넉하면 몇백 원 더 내고 라면에 달걀을 넣어 먹었고 그러지 못할 때는 라면만 먹으면서도 우리는 행복했다. 그러다가 어느 때는 둘이 가서 라면 한 그릇을 나누어 먹고도 기분이 좋아 교정을 거닐며 흥얼흥얼 교내 방송을 듣곤 했었다.

남편이 외출한 어느 날, 라면을 한 봉지를 꺼내 삶았다. 라면 한 봉지에 큰 달걀을 두 개나 깨뜨려 넣었더니 통통한 노른자 두 개가 총명한 친구의 두 눈 같았다. 보글보글 끓는 라면 냄비를 보니 친구 생각이 절로 났다.

우린 하루에도 두세 번씩 만나는 칫솔처럼 서로의 마음을 이해하고 위로하며 보듬어 주는 단짝이 되었다. 대학을 졸업하고 발령을 기다리고 있을 때도 매일 만나서 이야기하며 같은 시군으로 발령이 나게 해달라고 기도했었다. 하지만 친구는 영동군으로 나는 제천시로 발령이 나서 견우와 직녀처럼 극에서 극으로 떨어지게 되었다. 지금처럼 쉽게 연락할 수도 없었던 그 시절, 그리움으로만 쌓여갔다. 친구는 추풍령에서 나는 박달재에서 그리움을 노래로 부르며 각자 삶에 충실하면서 만나는 것이 쉽지 않았다. 점점 만남 자체도 뜸해지다가 친구는 추풍령에서 공주 총각을 만나 결혼하여 공주에서 살림하게 되면서 서로의 왕래가 끊기게 되었다.

매일 만나고 하루에도 몇 번씩 입안을 드나드는 칫솔 같은 우리 사이를 신이 질투라도 했을까, 우리를 멀리 떨어뜨려 놓은 직장 때문에 서로 소원해지기 시작했다. 친구는 학교까지 충청남도로 옮겼기에 우린 서로 더 만나기가 어려웠다. 가끔 여자의 얕은 우정은 참 값어치 없구나라고 생각한 적도 있었다. 교통은 불편했지만 서로 만나려고 시도도 해보지 않았던 것이 지금도 후회가 된다.

버려지는 칫솔처럼 가볍게 생각했던 우리 우정의 끈이 다시 연결되기 시작했다. 친구의 어머니가 돌아가셨다는 부음을 받고 내가 친구를 찾아갔었다. 장례식장에서 만났어도 기억 깊숙한 곳에 고이 간직되어 있던 우정은 어제 만났다 헤어진 사람처럼 정이 갔다. 칫솔의 모가 엉켜 이를 닦기에는 불편해도 운동화를 닦고 와이셔츠를 빠는 데는 요긴하게 쓰이는 것처럼 예전 같지는 않아도 친구와의 관계가 조금씩 회복됐다. 친구는 지금 청주에서 가까운 도시에 살고 있다. 결혼 전처럼 자주 만나지는 못하지만, 낡은 칫솔처럼 우리도 노년의 우정을 지켜가고 있다.

치과 진료를 시작하면서 요즘엔 나도 양치질을 하루 세 번 하고 있다. 나이 탓일까, 그래도 입안에서는 가끔 평화가 깨지는 것 같다. 차츰 입안에 질환이 생기기 시작하니 칫솔과 친하지 않았던 다 지나간 젊은 날이 후회된다. 먼 지역으로 발령이 났다고 아예 만날 생각도 하지 못하고 살다가 다시 친구를 만난 것처럼 말이다. 새삼 오복 중 하나를 지켜주는 것이 칫솔이라고 하는 말이 그냥 생긴 말이 아니라는 것이 실감 난다. 여자가 나이 들면 꼭 필요한 것 중 하나가 친구라는데 그 또한 맞는 말인 것 같아 피식 웃음이 난다. 더 늙기 전에 칫솔같이 소중한 내 친구와 좋은 추억을 많이 만들어야겠다.

뻐꾸기

'뻐꾹~ 뻐꾹~ 뻐뻐꾹~ 뻐꾹'

요란한 뻐꾸기 울음소리에 놀라 새벽잠이 깨었다. 올해 들어 처음 듣는 뻐꾸기 소리가 작년 여름 듣던 한가하고 맑은 그 소리와 많이 다르게 들렸다. 어딘가 다급하고 초조며 불안한 듯 들렸다. 무슨 일이 생긴 것처럼 뻐꾸기의 다급하고 불안한 울음이 계속되는 아침이었다.

올해는 더위도 빨리 찾아와 일찍부터 뻐꾸기가 날아오기를 기다렸다. 해마다 초여름 이른 더위를 느낄 즘 아침이면, 청아하게 울어주는 뻐꾸기 소리에 기분 좋게 하루를 시작했던 기억 때문이다.

다른 해보다도 조금 늦게 찾아온 뻐꾸기가 아파트 옥상 피뢰침에 매달려 목이 쉬도록 울고 있다. 마치 큰일이라도 생긴

듯 애절하게 울어 댔다. 그도, 그럴 것이 계절의 변화에 따라 고향을 찾아왔는데 산이 잘려 나가고 나무가 없어졌으니, 뻐꾸기는 보금자리를 찾지 못해 우는 소리가 아닐까?

지난해 초까지만 해도 주민들과 시민사회단체와 매봉산 주인이 매봉산을 지키자는 목소리가 어느 때보다도 컸다. 주민들의 의견과 목소리가 아무리 큰들 기관을 이길 수는 없었다. 2021년 가을부터 벌목작업이 시작되더니 매봉산을 깎아내리기 시작했다. 주민들은 하루에도 몇 번씩 매봉산으로 올라가 한숨 섞인 모습으로 내려다보았다.

산이 깎여 차에 실려 나가는 공사장을 보는 주민들은 못마땅한 표정들이었다. 청설모도 까맣고 작은 눈으로 시위라도 하듯 스티로폼 조각을 물고 와서 뜯고 있다. 미리부터 먹이를 걱정하는 모습 같아 안타깝다.

기온이 삼십오 도를 오르내리는 더운 날씨 탓에 숨이 턱턱 막혀 외출이 힘들 정도다. 당장 이렇게 닥친 고온 현상 때문에 한 그루의 나무라도 더 심고 가꾸어야 도심지의 열섬현상을 예방할 수 있다고 하는데 수십 년을 자란 나무를 어찌 그리도 쉽게 베어 버릴 수가 있는지 허가권자들의 속내를 알 수가 없다. 산에 있는 나무가 사라질 때마다 내 허파가 병들어 가고 있는 것처럼 아팠다. 도심에 있는 잘 가꾸어진 작은 산들은 도심의 허파 역할을 하며, 여름철 높아지는 기온을 일이 도는 낮출 수 있다고 하지 않던가.

　내가 살고 있는 청주도 점점 유령의 도시처럼 도시의 중심에 빈집이 늘어나고 외곽으로 아파트 단지가 새로 생기고 있다. 마치 누가 밀어내기라도 하는 듯이 말이다. 도심의 상권도 새 아파트 단지를 따라 이동하고 있는 현상이다. 그럴 때마다 시민들과 가까이에 있어 휴식의 공간이 되어주던 산들이 하나씩 없어지고, 우리에게 양식을 주던 좋은 논과 밭이 자고 나면 없어지고 있다.

　그것을 보고 있는 시민들도 뻐꾸기와 청설모처럼 불안한 생각이 들기는 마찬가지이다. 자연이 훼손되면서 시작되는 기후 위기를 어떻게 감당할 것인지. 지난해 다르고 올해 다른 기후 상황을 보면 이미 많은 변화가 생겼음을 입증하고 있는데 이 변화를 어떻게 극복하려는지 걱정이다.

　공기 정화와 이상 기후 변화를 막기 위하여 한 그루의 나무라도 더 심어야 한다는 것을 알고 있지만, 실천에 옮기는 일은 쉽지 않다. 매봉산이 삼십 퍼센트나 잘려 나가고 거기에도 아파트 단지가 건설된다고 한다. 일 년 만에 찾아온 뻐꾸기는 보금자리를 돌려달라고 밤낮으로 목이 터지도록 울고 있는 모양이다. 나도 뻐꾸기처럼 소리 지르고 싶다. 옛날 그대로 매봉산의 숲을 돌려달라고 말이다. 그러나 누구도 듣지 않고 눈 하나 꿈쩍하지 않는다.

한편, 생각해 보면 집이 없는 사람들을 위해서는 새 아파트를 짓기도 해야겠지만, 많은 사람들의 쉼터이고 꿩, 뻐꾸기, 딱따구리, 다람쥐, 청설모, 기타 이름 모를 작은 새들의 보금자리인 숲을 파괴하여 아파트를 지어야만 했을까? 활활 타다가 사그라드는 것 같은 도심지를 이용할 새로운 도시계획이 필요한 것은 아니었을까, 물어보고 싶다. 산 중턱에서부터 잘려 나간 산자락이 내는 신음은 개미처럼 드나드는 공사장 트럭들의 굉음에 묻혀 아무도 들을 수가 없다.

삼십 년이 가까운 시간을 매봉산 밑에 살면서 봄에는 봄꽃을 보고 여름에는 그 숲에서 더위를 식혀가며 가을에는 다람쥐, 청설모와 알밤을 나누어 먹고 겨울엔 하얀 눈 속의 청주 시내를 두루 감상하는 산책길로 좋았다. 어른, 아이 불문하고 오르기 쉬운 산으로 가까운 주변 초등학교는 체험학습장이 되기도 했다.

내가 이곳에서 삼십 년이 넘게 살고 있는 까닭은 나무와 숲이 좋고 자연이 좋아서였다. 큰길에서 아파트 단지에만 들어서도 공기 맛이 달랐다. 창문을 열면 우암산 위로 둥근 해가 떠오르고 저녁때면 멀리 보이는 산 위로 붉은 노을이 하루를 위로하며 토닥여 주는 것 같은 느낌으로 살았다. 그 아름다운 조망권을 막아선 아파트가 삼십 층 사십 층 올라간단다. 문만 열면 푸르름을 자랑하던 산들은 사라지고 공사장 기계의 굉음만 시끄럽다. 이제 조금 남은 매봉산의 운명은 어떻게 될까. 아파트 공사장을 지날 때마다 울화가 치밀어 오른다.

  여름이 되어 날아온 뻐꾸기도 나와 같은 생각이었을 게다. 온종일 목이 아프게 소리쳐 우는 뻐꾸기가 애처롭기만 했다. 이렇게 난개발인 공사가 비단 여기뿐만은 아닐 텐데 진행되는 공사 현장을 보면서 더 덥고 우울할 따름이다. 짝짓기 철 새벽이면 소리를 치는 장끼와 딱따구리의 구애 휘파람 소리를 다시 들을 수 있을까, 생각하며 안개에 싸인 매봉산을 보고 있는 아침, 아주 좁아진 산 귀퉁이에서 자신의 건재함을 알리는 장끼의 홰치는 소리와 함께 씩씩한 소리가 들려왔다. 작은 안도의 한숨을 쉬면서도 내년 이맘때 뻐꾸기의 고운 노랫소리를 들을 수 있을지 걱정이 된다.

  지금처럼 우거진 숲으로 가꾸려면 육십 년도 더 걸린다는데 잘 자란 도시의 허파 같은 나무를 베어내고 아파트를 건설하고 있으니, 도시의 미래를 위한 현명함이 어느 것인지 씁쓸하다. 진정 도시와 시민을 생각하는 일은 어떻게 하는 것일까. 다시 한번 생각해 볼 일인 것 같다.

뻐꾸기는 지금도 숨이 멎을 듯 '뻐꾹~ 뻐꾹' 피를 토하는 울음을 울고 있다.

시샘달

 아무것도 아닌 일에 발끈하여 벌떡 일어났다. 현관을 나와 문을 쾅 닫고 돌아서니 덩그러니 문밖에 나 혼자다. 순간 후회가 되었다. 딱히 갈 곳도 없고 하소연을 들어 줄 사람도 없는데 하고 생각하니 서글펐다.
 밖으로 나오니 아직 이월의 찬바람이 볼을 할퀸다. 차에 올라 목적지도 없이 무작정 달렸다. 산 위에 드문드문 보이는 잔설이 긴 겨울의 꼬리를 잡고 있었다.
 평소 남편과 봄을 찾아다니던 괴산 쌍곡의 어느 산언덕에 도착해 있었다. 산비탈 오리나무 수꽃이 빨갛게 늘어져 새색시 가마의 꽃술처럼 흔들거리는데, 길가에 먼지를 뒤집어쓴 얼음덩어리가 애처롭게 보였다. 뭐가 그리 바쁜지 휙 승용차가 지나가며 흙먼지를 날려 얼음덩어리를 덮는다. 트럭도 지나가면서 덮여있던 솔잎과 갈잎을 데려가 버리고 바퀴에 걸린 돌멩이가 툭 튀었다. 돌멩이를 얻어맞아 한쪽 귀퉁이가 덜컥 깨어진 얼음덩어리는 먼지를 쓴 채로 눈물을 뚝뚝 흘렸다.

응달에 누운 얼음덩어리는 갈팡질팡하는 자신의 처지를 알고는 있을까. 점점 작아지는 몸덩이가 달콤한 잠에서 깨어 속삭이는 꽃과 나무들의 밑거름이 될 것을 아는 것 같았다. 하얗고 뽀얗던 속살이 저 지경이 되었는지 속사정은 알 수 없지만 주먹만 한 눈물을 텀벙텀벙 떨구는 모습은 집을 뛰쳐나온 내 심정과 같아 보였다.

무슨 이야기를 해도 아무 말도 안 하고 입을 꾹 다물고 있는 남편한테 서운함이 느껴졌다. 서운하고 야속한 마음이 쉬이 풀어지지 않아 봄바람에 녹아내리는 얼음덩어리 옆에서 한참을 앉아 있었다. 살 속으로 파고드는 찬바람도 잊고 있다 보니 얼음이 흘린 눈물은 내 바지 엉덩이에 세계지도를 그려주었다. 앉아 있을 때는 몰랐는데 일어나니 바지가 축축했다. 내 가슴이 얼마나 답답했으면 옷이 젖는 줄도 몰랐을까. 바로 옆에 엉겨 붙은 잔디의 뿌리를 밀어내고 올라온 민들레의 파릇한 새순이 나를 비웃는 것만 같다.

봄을 기다리게 하는 이월은 우리에게도 희망과 꿈을 주었던 달이기도 하다. 남편과 내가 처음 만난 것도 이월이고, 남편을 징검다리 삼아 낯선 시댁 식구들과 가족이 된 것도 이월이었다. 거기에 복덩이 딸과 아들도 낳았다. 살면서 그보다 좋은 일은 없었을 것이다. 이월에 만난 남편은 낯선 시댁 식구들과의 만남에서 추위에 떨 듯하고 있는 나를 시댁 식구들과 연결하는 징검다리 역할을 했으니, 어쩌면 남편이 내 인생의 봄이었나 보다.

하지만, 삶은 녹록하지 않았다. 나에게 이월은 오락가락하는 날씨처럼 행복과 만남, 떠남이라는 단어도 함께 공존하여 공허하고 쓸쓸했다. 유독 최고 학년 담임을 많이 맡다 보니 일 년 동안 쑥 자란 친구들이 이월이면, 희망을 품고 더 큰 세상을 향하여 떠나기 때문에 많이 힘들어하면서 보냈던 것 같다. 그놈의 정 때문에 이월이면 나도 모르게 우울하고 외로움을 느낀 적이 많았다.

그래서 겨울과 봄 사이에서 휘청대며 방황하는 이월이면 생각이 많아진다. 새로운 만남과 헤어짐이라는 단어 앞에서 너털웃음이 날 때도 있고 안개처럼 몽글몽글한 추억에 눈물이 날 때도 있다.

이월은 열두 달 중 날짜 수가 적어 부족한 듯 보이지만 겨울과 봄 그 사이에서 가장 큰 꿈을 안고 있는 부자의 달은 아닐까. 찬바람이 좀처럼 자리를 내주지 않지만, 따뜻한 봄을 기다리는 나뿐만이 아니라 묵정밭에서 들려오는 봄나물들의 힘찬 아우성들까지 모두를 품고, 내 꿈과 사랑까지도 가지고 있는 달이니 말이다.

바람은 아직도 매섭다. 어제 내리던 눈이 끝인 줄 알았는데, 칠보산 산봉우리 나뭇가지 사이로 마지막 길 떠나는 겨울이 눈발을 흩날린다. 산자락 상수리나무들이 겨울잠에서 깨어나 수런거리는 것도 모르고, 이월의 눈바람은 가지를 이리 몰고 저리 몰며 흔들고 있다. 정신을 차리고 보니 해가 중천에 올라와 있었다. 남편이 내 마음을 몰라 준다고 서운해하던 나는 어디로 가고, 마음이 급해졌다. 서둘러 집으로 차를 달렸다.

집으로 돌아오니 남편이 따뜻하게 밥을 지어놓고 나를 기다리고 있었다. 계절을 보내는 얼음의 눈물 같이 주먹만 한 눈물이 뚝 떨어지도록 고마웠다. 남편이 처음으로 차린 밥상 앞에 마주 앉으니 나는 나 그대로 오명옥이었다.

생각해 보니 시어머님 제사가 있는 이월이면 유독 말수가 적어지는 남편을 아직도 배려하지 못하고 있었던 것 같다. 어쩌면 남편도 텅 빈 속을 위로받고 싶은 기분이었을 텐데 말이다. 이월이 겨울과 봄 사이에서 오락가락하듯 나도 내 마음만 알아 달라고 투정 부리면서 남편의 마음을 헤아리지 못했다. 봄을 시샘하는 이월이 골을 부리듯 찬바람이 획 지나갔다.

남편에게 점심을 차려주려고 허겁지겁 돌아온 나는, 따뜻한 밥상 앞에 앉아 있었고 소녀처럼 감격의 눈물을 흘렸다. 이런 속 깊은 남편에게 복에 겨워 앙탈을 부려 본 느낌이었다. 남편의 사랑이 따뜻한 밥사발의 온기로 전해졌다. 이월이 겨울과 따듯한 봄의 징검다리가 되어주듯이 말이다. 내일은 겨울이 밀어준 봄이 활짝 웃어줄 것이다.

수건

따뜻한 햇살 아래 방금 급탕에서 수련을 마친 수건들이 자신의 몸에 밴 물기를 말리고 있다. 수건은 언제나 사람들의 땀을 닦아주고 물기를 닦아주며 자신을 낮추고 산다.

일상생활에서 우리가 가장 많이 사용하는 것은 무엇일까 수건이 아닐까, 아침에도 세수하고 정성스레 마주하여 의식을 치르듯 두 손 모아 수건을 들고 얼굴의 물기를 닦고 나왔을 것이다. 단지 얼굴의 물기와 땀만 닦아주는 것이 아니다. 마음의 슬픔을 닦아주며 위로하고, 소용所用 을 다하면 자기가 물러설 때를 알고 묵묵히 걸레의 역할을 또 한다. 우리 생활에서 가장 많이 쓰이는 수건인데도 불구하고 개인이 직접 돈을 주고 사는 경우가 얼마나 될까. 아마도 직접 돈을 주고 사는 경우는 그리 많지 않을 것 같다. 수납장 가득 들어있는 수건을 꺼내

하나하나 펼쳐보니 수건마다 이름이나 행사명이 없는 것이 없었다. 대다수가 기념행사 수건을 선물로 받아온 것들이다.

　욕실에서 나오면서 무심코 수건 위에 발을 내려놓으려다 멈칫했다. 수건 위에 새겨진 지인의 이름이 크게 들어왔기 때문이다. 마치 그 사람의 얼굴 위에 내 발을 내려놓는 것 같아 미안한 생각이 들었다. 그 후부터는 수건을 펼치면서 얼른 뒤집어 놓고 닦았다. 그 수건에 발을 닦는 것은 같았지만 이름이 직접 보이지 않으니 조금 덜 미안했다.

　우리는 살아가면서 소소하게 선물을 많이 주고받는다. 기분 좋은 일이 있을 때는 축하 의미로 선물하고 슬픈 일이 있을 때는 위로하는 뜻으로 한다. 우리는 선물할 때 선물하는 그 물건에 의미를 담아서 많이 했다. 이를테면 손수건은 이별의 의미를 담고 있는 것처럼 말이다. 언제부터 수건에 본인의 이름과 직함을 새겨서 선물했을까 왜 그렇게 한 것일까 궁금해졌다. 처음 수건에 이름을 넣는다거나 행사 등을 넣어 선물하기 시작한 역사는 알 수 없었지만, 오래전부터 수건을 선물하게 된 까닭은 알게 되었다.

　대량의 선물로 수건을 많이 쓰는 까닭은 가격이 다소 저렴하고 가정의 필수품으로 어디서나 많이 사용하기 때문이란다. 그처럼 선물로 많이 사용하고 있는 그것이 가지고 있는 의미는 무병장수와 화목, 무탈, 번창 등의 의미가 있다고 했다. 수건을 짠 실타래처럼 긴 세월 오랫동안 무병장수하고 날줄과 씨줄이 촘촘하게 엮인 것같이 가정과 사회가 화목하기를 바라는 뜻이 들어 있다고 했다. 또 오래 써도 모양이 변하지 않는 무명 수건처럼 언제나 무탈하고 번창하라는 의미가 있다는 것이다.

나를 할머니로 만들어 준 외손자 첫돌 잔치에 갔다. 돌잡이 상보다 낮은 바로 앞 가운데에는 하트모양으로 개킨 색깔 선명한 수건이 삼단 케이크처럼 둥그렇게 쌓아져 있었다. 딸이 아들의 무병장수를 기원하며 쌓았던 어미 마음이었나 보다. 어디 그뿐이랴 예부터 "수신제가 치국평천하修身齊家 治國平天下"라 했으니, 가정을 화목하게 하고 사회에 도움이 되는 사람이 되라는 의미도 담았을 것이다.

이제 생각하니 부모들이 아기의 첫돌 답례품으로 수건을 준비하여 주었던 것은 주인공인 아기와 그날 참석했던 하객들의 무병장수와 화목 번창을 기원해서였나 보다. 그 자식이 자라 어른이 되고 그는 어릴 때 자식을 위하여 기원했던 부모님께 환갑 잔치를 해드린다. 당연히 답례품으로 수건을 준비하여 부모님의 안녕과 방문하신 손님들에게 보답하는 선물로 오셨던 분들의 무병장수를 기원했던 것 같았다. 이렇게 수건이 가진 의미가 깊다는 것을 알게 되었다.

　가격도 싸고 좋은 의미를 담고 있는 수건은 일상생활에 안성맞춤의 선물이었던 게다. 수건은 받는 사람뿐 아니라 주는 사람에게도 똑같은 행운을 주기에 흔하게 가장 많이 사용했던 선물이었나 보다. 그래서 주는 사람들은 수건에 이름을 넣어서 선물했으며 받는 사람들의 무병장수를 오래도록 기원했을 것이다.

　나도 사십이 년 재직했던 교직을 떠나면서 작은 선물을 준비했었다. 당연히 수건과 일회용품을 줄여보자는 의미로 작은 텀블러를 준비했다. 지인들의 건강과 무병장수를 빌며 지구의 건강까지 생각하여 준비했지만 아쉽게도 예상하지 못한 코로나의 출현으로 모임까지 할 수가 없었으니 직장 생활하면서 받았던 사랑과 은혜를 조금도 보답할 수가 없었다. 지금도 서운함과 미안함은 이루 말할 수가 없다. 준비했던 수건과 텀블러는 종이상자에 담긴 채로 작은 방구석을 차지하고 있다.

　지금이라도 나누고 싶지만, 퇴직한 지 육 년도 더 지났는데 새삼스레 선물로 주려니 주는 것도 쑥스러워 그냥 두고 있다. 수건이야 두고두고 내가 쓰면 되지만 컵은 소비에 고민이 된다. 내 이름이 들어가 있어 함부로 아무에게나 줄 수가 없어서 그렇다.

우리 신혼 때가 떠오른다. 그때는 서로를 잘 알아차리지 못했기에 물기를 받아들이지 못하고 거부하며 흡수하지 못하는 새 수건과 같았다. 지금이야 사십삼 년을 넘게 함께한지라 서로의 눈길만으로도 배려하고 양보하며 이해하는 헌 수건처럼 순하게 살아가고 있다. 하찮아 보이지만 사람들에게 꼭 필요한 수건처럼 서로에게 도움이 되는 생활로 잘 익어가고 있는 것 같다.

따가운 햇볕을 받아 보송하게 말라가며 모든 세상을 이해하고 받아들일 듯 순해져 가는 수건을 보니 내 마음도 깨끗해진 것 같아 크게 웃어 본다. 수건의 넓은 마음 같은 포용력을 더 많이 생각하고 깊이 배우는 시간이었다.

유통기한

 칼국수를 유난히 좋아하는 딸을 위해 날콩가루를 빻아서 가지고 오신 친정어머니가 국수를 밀고 있었다. 벌써 입안에는 침이 고여 꼴깍꼴깍 넘어갔다. 남은 콩가루를 냉동실에 넣고 채소 육수를 준비했다.
 주방 한쪽 구석을 차지하고 서 있는 냉장고는 오늘도 가족을 위해 열일하느라 열이 펄펄 끓고 있다. 어릴 적 놀이터에서 돌아온 아들은 냉장고 문을 활짝 열고 시원한 우유를 벌컥벌컥 마시며 땀을 식히곤 했다. 냉장고에는 우리 가족이 먹을 식품과 함께 어머니와 지인들의 사랑이 넘쳐나도록 가득 들어있었다.
 어머니는 마중물 한 바가지를 넣어 펌프로 물을 여러 번 끌어올려서 버렸다. 다시 삐걱삐걱 차가운 물을 고무 함지박에 받아 김치통을 담가두면서 내가 결혼할 때는 냉장고를 사주셨다. 직장에 다니는 내게는 냉장고가 최고의 살림 도우미였다.

퇴근하여 집으로 돌아오는 길에 시장 앞 난전에서 씀바귀와 달래를 샀다. 냉장고에 넣고 문을 닫으려는데 구석에서 그네를 타던 어머니와 추억이 명주실 타래 풀리듯 주르르 흘러나왔다. 쉽게 문을 닫을 수가 없었다.

실파 초무침을 좋아하는 사위를 위해 머리카락 같은 실파를 뽀얗게 다듬고 금방 밭에서 베어온 부추까지 다듬어서 신문지에 돌돌 말아 넣어 두셨었다. 그냥 비닐봉지에 넣어두는 것 보다 신문지에 한 번 싸서 비닐봉지에 넣어두면 물러지는 것을 방지하고 채소를 더 오래 보관할 수 있었다.

어머니는 혼자서 살림하고 아이들 키워가며 직장 생활하는 딸을 많이 걱정하셨다. 결혼하고 처음 맞이하는 생일에도 못 오셨던 어머니가 몇 년 후 우리 집에 오셨다. 딸 생일을 챙겨주시려고 불린 미역에 다른 반찬 만드는 데 필요한 양념과 파까지 다듬어서 가지고 왔었다. 어머니의 사랑이 듬뿍 담긴 냉장고가 있는데 말이다. 어머니가 딸을 사랑하는 마음은 하늘과 같았다. 저녁때 퇴근하여 냉장고 문을 여니 어머니 사랑으로 속이 꽉 찬 부자가 되어 있었다. 그래서 냉장고의 심장 소리가 다른 때보다 더 크게 우렁차게 들렸나 보다.

언제나 냉장고를 열면 차가운 공기 속에서 뜨거운 어머니의 사랑이 함께 흘러나온다. 겉으론 아픈 것처럼 열을 내고 속은 차갑지만, 꽉 찬 속의 사랑은 늘 따뜻한 봄날 같았다.

늦은 봄 어느 날 시원한 물 한 잔 마시려고 뒷 베란다 다용도실로 갔다. 이십 년도 더 된 결혼할 때 샀던 냉장고가 건재했지만 새로 들어온 냉장고에게 자리를 내어주고 어쩔 수 없이 밀려난 것이다. 그동안 함께했던 정도 없이 너무했나 자책도 했지만, 시원한 물과 얼음은 꼭 지켜주었다.

그런데 무슨 일인가 냉장고의 냉동실 문이 툭 불거져 활짝 열려 있었다. 가까이 다가가 보니 폭탄이라도 맞은 듯 냉동실 바닥이 찢어지며 솟아오르고 문까지 열린 것이었다. 아무 문제가 없었던 냉장고의 심장은 멈춰버렸고 찢어지는 고통에 눈물을 흘렸는지 다용도실 바닥에는 물이 흥건했다. 너무 갑작스러운 일이라 놀랐다. 저렇게 되기까지 냉장고는 얼마나 아팠을까, 그동안 우리의 건강을 지켜주느라 묵묵히 일만 했는데 알아차리지 못해서 미안하고 함께했던 시간이 고마웠다. 냉장고의 유통기한은 언제까지였을까 그의 고마움이 영원할 줄 알았는데 한 마디 언질도 없이 훅 가버리는 것은 인생과 같았다. 자신은 생각지도 않고 가족의 건강을 지켜주기 위해 음식물의 유통기한을 지키느라 고생 참 많았다.

내친김에 주방 냉장고 정리를 하려고 모두 끄집어냈다. 매일 바쁘고 급한 마음에 냉장고 문턱에 있는 반찬통만 들락날락했었나 보다. 안쪽에서 우르르 얼굴을 내미는 것들은 언제 들어와 있었는지 알 수조차 없는 것도 있었다. 후배가 사랑으로 담아 보낸 청귤 차며 지인이 보내준 여러 가지 청과 식초 종류들이 가득했다. 그들의 사랑과 정이 듬뿍 들어간 것이라 버리지도 못하고 안쪽으로 더 깊숙이 밀어 넣기만 했으니, 그것들은 얼마나 추웠을까. 하나하나 꺼내 보니 아직도 보내준 지인들 사랑의 유통기한이 남았는지 멀쩡했다. 나를 향한 그들의 사랑이 냉장고 속에 꼭꼭 갇혀 그동안 소원했나 보다. 냉장고 정리가 끝나면 그들에게 포근한 봄의 꽃 정을 전해야겠다.

뭐에 그리 바빠 차 한 잔 마실 여유도 없었던 것일까. 냉장고에서 나온, 오래된 발효 음료들을 버리려니 후배 얼굴이 보이고 지인들의 얼굴이 우왕좌왕 웃으며 지나간다. 바쁜 시간에도 직접 만들어 나누어준 정인데 내가 너무했나 보다.

칼국수 좋아하는 딸에게 두고두고 먹으라고 어머니께서 보내주신 날콩가루는 먹고도 남아 아직도 어머니의 사랑을 간직한 채 건재했다. 어머니 돌아가신 지 십 년이 넘어 이십 년이 되어가는데 먹을 수 있을까 생각하면서도 한 줌 남은 콩가루를 버리지 못했다. 어머니의 조건 없는 사랑에 대한 유통기한은 아직도 남아있기 때문이다. 아니 영원하기 때문인가 보다.

　냉장고는 가끔 폐렴이 걸린 할머니의 기침 소리처럼 컥~ 쿡쿡 툭하며 잠시 소리를 멈춘 것처럼 조용했다. 깜짝 놀라 쫓아가 문을 열면 윙~ 다시 돌아간다. 아직 건강하니 걱정하지 말라고 말하는 듯했다. 어머니와 지인들의 끝없는 사랑을 유통기한도 없이 무제한으로 보관하고 있는 냉장고다.

　냉장고의 문을 열고 오늘 저녁은 뭘 해 먹지 하면서 콩가루 봉지를 만져본다. 냄새를 맡으며 몽글몽글하고 보들보들한 어머니 사랑을 다시 느꼈다. 오래된 어머니의 사랑은 유통기한이 없이 영원한 것 같다. 냉장고에 보관된 사랑으로 배고픔을 채우며 넘쳐나는 오래된 재료들을 뒤적이다 문을 닫는다. 따뜻한 사랑이 변할까 봐.

친구

 새벽녘 서쪽 하늘에 노란 달이 아침 여명에 꼬리를 잡혔다. 술래잡기하던 어린 시절, 술래에게 잡힌 것처럼 밝아오는 여명이 달의 등을 밀고 있다. 점점 하얗게 빛을 잃어가는 보름달이 찬바람에 시려 보였다.
 퇴직을 몇 년 앞두었을 때부터 퇴직 후 생활을 계획하다가 평생교육원에 관심을 가지게 되었다. 어떤 과목들을 강의하며 수강 대상자는 누구일까, 강사는 어떤 분들이 하고 있을까 궁금함이 많았다. 나에게 적합한 과목은 어떤 과목일까, 생각하면서 어릴 때부터 배우고 싶고 하고 싶었던 과목이 있는지 먼저 알아보았었다. 그렇게 고민하면서 선택한 것이 수필창작반이었다.
 차츰 재미를 느껴가고 있던 봄, 야간반과 함께하는 수필창작

반의 작은 행사장에서 뜻밖의 친구를 만나게 되었다. 중학교 2학년 때 같은 반이었던 친구, 처음 마주했을 때 어디에서 만났던 사람일까 낯설지 않다고 느꼈다. 그 친구가 먼저 나를 알아봤다. 학교에 다닐 때 친구는 키가 작았고 난 조금 큰 편이었다고 했다. 거기다가 내성적이었던 나는 앞자리에 앉았던 친구와는 한 교실에서 일 년을 함께 공부했으면서도 소통이 적어 친하지 않았었다. 다시 만나 마주 서니 그 친구 키가 훌쩍 커서 나보다 조금 더 커 보였다.

오십 년이 넘어 만난 친구, 어릴 적 사춘기 때 만났던 우리는 고희를 바라보는 황혼에 도착하여 다시 만난 것이다. 과거에 친하게 지내지 않았어도 다시 만나 보니 더욱 반가웠다. 익어가는 인생길을 함께 걷기로 약속하지는 않았지만 내가 있어 든든하다는 친구처럼 나도 의지가 되었다.

반백 년 후에 만난 친구는 보통 사람의 운명은 아니었다. 타고난 사주팔자를 거역하지 못하고 살기 위하여 자신도 모르는 사이에 막다른 골목길에서 돌아 나오지 못한 채 결정된 삶의 길을 가고 있었다. 모두 색안경을 쓰고 보는 무속인의 삶으로 조금은 동정이 가면서도 마음은 안타까웠다. 무속인이라 하면 어떤 사람들은 이유 없이 거리를 두었다. 미신이라 생각하며 이해하려고 하는 사람들도 많지 않지만 의외로 무속인에게 의

지하는 사람들도 가끔 있었다.

　내가 어렸을 적 이웃에 살고 있던 아주머니가 현대의학으로 진찰할 수 없는 병으로 오랜 기간 고통을 겪고 있었다. 계속 일을 할 수 없게 아픈 것은 아니었다. 처음 보는 사람들은 꾀병처럼 보일 수도 있었다. 금방 건강한 것 같았다가도 갑자기 쓰러져 혼수상태가 되면 이틀 사흘을 누워서 앓고 있다가 병원의 진료나 처방 없이 일상으로 돌아오곤 했다. 보는 가족들의 힘듦은 이루 말로 다 할 수가 없었다.

　어머니는 그 아주머니를 살리겠다고 동네를 돌며 십시일반 쌀을 모아 점을 치고 무당을 불러 굿을 하기로 했다. 결국 뒷집 마당에서는 굿판이 벌어졌다. 삼 일간 굿이 계속되고 아주머니는 기절했다 일어나기를 반복하며 굿이 끝나고 무속인이 되었다고 했다. 사흘 동안 벌렸던 신내림 굿을 한 후에는 아주머니 병이 씻은 듯이 나았다. 아니 건강해져 그 집안에는 평화와 활력이 찾아왔다. 아무도 이해할 수 없는 그때의 기억을 생각하며 친구를 이해하려고 했다. 친구도 아주머니처럼 알 수 없는 일들이 힘들게 했을 것이라 생각하니 더욱 애잔했다. 그래도 씩씩하고 숨김없이 솔직하게 이야기한 친구가 좋았다. 그 이야기를 숨겼다가 시간이 지난 후에 내가 알게 되었더라면 쓸데없는 거리감이 있었을 텐데 처음부터 솔직했던 친구에게 정이 더 가며 금방 친해졌다.

　사람들은 참 이상하다. '아낌없이 주는 나무'처럼 서로서로 주면 좋은데 무엇인가를 받고만 싶어 하는 이기적인 마음 때문에 가까워질 수 없을 때가 더 많다. 오십 년이 넘어서 만난 친구는 아무것도 묻지도 따지지도 않아서 좋았다. 난 평소 사람을 조건 없이 잘 믿어서 상처를 많이 받았다. 그러면서도 새로운 사람을 만나면 상대방도 내 마음 같은 줄 알고 조금의 의심도 없이 또 다 준다. 그렇게 다 주고 나면 더 이상 받을 것이 없다고 생각한 사람들은 내 곁을 떠난다. 황혼의 나이에도 상처는 받는데 아니 더 크게 아파하는데 말이다. 늦게 만난 친구와는 이런 일은 없을 것 같은 느낌을 받았지만, 알 수가 없다.

　나야 평탄하게 남들 사는 대로 살아왔지만, 친구는 누구나 사는 삶은 아니었으니 몸고생 마음의 방황이 얼마나 심했을까 감히 친구를 이해할 수 있다고 이야기할 수가 없었다. 그래도 지금은 웃으며 씩씩하게 살고 있으니 좋아 보였다. 어디 그뿐이랴 친구가 가고 있는 길을 못 믿고 싫어하는 사람도 있지만 위급하고 어려운 일에 처한 어떤 사람에게는 위로가 되고 위안이 될 수 있는 일이기도 하니 다행이라고 생각한다.

　친구야, 반백 년 만에 만났으니, 앞으로 오십 년은 건강하게 함께 살아보자. 여명의 하얀 보름달 속에 활짝 웃는 친구 얼굴이 보인다. 너와 나 우리가 되어 옆에 있는 어려운 이웃들도 보면서 열심히 살자고 약속해 본다.

물

호수 위에 비친 빨간 노을이 아름답다. 어머니의 자궁 속의 편안한 양수가 이랬을까? 문득 아늑하고 부드러우며 편안한 어머니의 뱃속 같은 느낌이 들었다. 우린 그곳에서 열 달을 노닐다가 태어났다. 그뿐 아니라 잠시도 물을 먹지 않으면 살 수가 없다. 인간에게만 물이 필요한 것은 아니다. 동물도 식물도 모두 물이 필요하고 내가 어렸을 적에는 돌도 물을 먹고 큰 바위가 되는 줄 알았다. 내가 초등학교 시절 물이 마른 건천에서 검고 모양이 기이하게 생긴 돌을 하나 주워 머리에 이고 집으로 왔다. 장독대 옆에 두고 바가지로 물을 떠다 부어 주며 무럭무럭 자라라고 기도를 한 적이 있다. 열흘이 지나고 일 년이 지나도 손톱만큼도 변화가 없었다. 그 돌은 그냥 딱딱하고 검은 괴석이었을 뿐이었다.

고향에 가면 농업용수로 사용하려고 작은 골짜기 이곳저곳에서 흘러 내려오는 물을 가두어 두었던 조그만 저수지가 있다. 내 고향 마을 항골 위에 있는 그 저수지는 마을 악동들의 놀이터였다. 어른들은 위험하다고 그곳에 가지 말라고 했다. 하나 동네 아이들은 이렇다 할 놀이터도 없고 장난감도 없던 시절이니 모두 그곳에서 물놀이하며 여름을 보냈다. 저수지는 여름철 최고의 놀이터였다. 개구쟁이 동생도 동네 형들을 쫓아 종종 저수지에 가서 놀았다. 물이 얕은 곳에는 모래톱도 있었지만 모두 깊은 곳에서 놀기를 좋아했다. 물속에서 개구리헤엄을 치거나 개헤엄을 치며 놀기도 하지만 얇은 널빤지 같은 것을 배처럼 타고 뱃놀이하듯 놀기도 했다. 그것이 화근이 되어 모든 생명의 근원이 되는 물이 동생을 통째로 삼켜버렸다. 동네 형과 함께 널빤지를 타다가 형이 아무 생각 없이 뛰어내리면서 동생은 깊은 물속으로 곤두박질쳤다. 인간의 생명줄인 물에서 동생은 목숨을 잃을 뻔했다.

 물에 빠진 동생이 허우적거리며 물속으로 가라앉았다 떠오르기를 반복할 때 지나가던 어른이 발견하고 건져 놓았다. 그렇게 구사일생으로 살아난 동생은 항해사가 되어 전 세계 바다를 누비고 있다. 처음 승선 실습을 나갔을 때 이번에는 하와이 근처 태평양에서 타고 나간 배의 좌초로 또 한 번 물에 빠져 죽을 뻔했지만, 근처를 지나던 일본 배에 가까스로 구조되어 집으로 돌아왔다. 그렇게 여러 번을 물 때문에 목숨을 잃을 뻔했으니 다시는 배를 타고 싶지도 않았을 텐데도 사십 년을 넘게 배를 타고 있다. 물이 가족의 생명을 지켜주는 직장이 되었다. 외항선 선장이 된 동생은 일 년이면 칠팔 개월 아니 십 개월 이상 바다 위에서 생활하다가 한 달 정도 휴가를 받아 집으로 돌아왔다. 한 달이 휴식보다는 다음 승선을 위한 준비 시간으로 건강검진도 받고 직무교육도 받는다. 때론 가족과 제대로 된 식사도 한 번 못 하고 다시 배를 타게 되는 적도 있었다. 가끔은 동생이 안 돼 보일 때도 있다.

　몇 번을 물에 빠져서 죽을 뻔했는데도 그 물을 먹지 않으면 명줄을 이을 수가 없다. 어디 그뿐인가 그 물 위에서 가족을 먹여 살릴 일을 하고 있지 않은가, 사람이 산다고 하는 것이 다 그런가 보다. 순간에 이승과 저승을 오고 가지만 나에게 주어진 생명은 하나라는 것이다. 하나 한 번도 내가 소중하다는 생각을 해보지 못한 것 같다. 주변 사람들은 소중하게 생각하며 안타까워하고 그들이 잘못되면 가슴 아파했지만 정작 나 자신에게는 관심이 없었던 것 같다. 세상에 나보다 더 소중한 것은 아무것도 없는데 말이다. 동생에게도 언제나 말했다. 지금 순간 너와 가족을 살리고 있는 것이 물이고 너를 몇 번이나

죽일 뻔했던 것도 물이라고 말이다. 항상 그 망망대해에서 오로지 물과 싸우며 움직이고 있으니 항상 조심하며 너를 사랑하라고 말이다. 지금은 순해도 어떻게 돌변할지 알 수 없는 것이 물 아닌가.

 오랜만에 고향에 다니러 갔다. 옹기종기 집들이 들어앉은 마을은 아늑하니 암탉이 알을 낳는 둥지 같았다. 그 고향 마을 앞에는 마을 위에 있던 작은 저수지 말고, 우리 고향 열두각골의 젖줄인 큰 저수지가 새로 생겼다. 저수지가 생긴 지 30년은 되었을까, 우리 동네를 시작으로 아래에 있는 동네까지 홍수 조절도 되고 가뭄 조절도 하는 모두의 부모 같은 생명의 젖줄 역할을 해주고 있다. 그 속에는 우리 형제들의 보금자리도 수몰되어 있다. 언제나 물을 바라보면 그때의 웃음소리가 하늘로 오르는 듯하다. 사랑하고 아껴야만 하는 물, 어느 순간에는 악마처럼 변할 수도 있지만 잘 관리하며 살아야 하는 그야말로 영원한 우리의 동반자다.
 저수지의 잔잔한 윤슬에 노을이 내려앉는다. 반짝임이 한가롭게 보였다. 등 뒤 언덕에 계신 어머니가 나를 부를 것만 같았다. 물멍을 때리고 있으려니 무엇보다도 마음이 편안해지는 고향이다. 이 산골짜기의 생명줄인 저수지의 잔잔한 물결이 내 마음에 안정을 주는 듯 편안하게 흘러갔다. 멀리 내 눈길이 머무는 곳까지…….

제3부

위로

매화는 조금씩 조금씩
하얀 꽃잎을 밀어내고 있다.
드디어 매화 한 송이가 활짝 피었다.
겨울을 이겨낸 생명력의 승리였다.
- 〈형제〉 중에서

랑카위의 저녁노을
구슬붕이
형제
산지미냐노
초대
아까시꽃
수상가옥
인생은
연주회
물오름달

랑카위의 저녁노을

엷은 파도의 철썩임에 어둠이 스며들고 있는 바닷가, 하나, 둘 연인들의 발걸음도 돌아가고 없다. 먼 수평선 위에는 먹구름이 부랑자처럼 떠 있어 무서워 보였다. 버스가 숙소 앞에 도착할 즘 동남아의 세찬 스콜이 막 그쳤다. 차에서 내려오니 무더위의 열기와 습기가 온몸으로 달라붙었다.

말레이시아의 휴양도시 랑카위에 도착했다. 어쩌면 랑카위라는 지명은 많은 사람들에게 생소할 수도 있다. 말레이시아의 큰 섬으로 최근 우리나라에서도 새로운 신혼여행지로 뜨고 있는 곳이란다. 하얗게 밀려왔다 밀려가는 작은 파도들의 속삭임이 나를 부른다. 단복을 벗고 편안한 옷으로 바꿔 입고 밖으로 나갔다.

야자수 큰 나무 아래 좁은 골목이 보였다. 철썩이는 파도 소리가 가깝게 들리는 그 골목으로 걸어갔다. 나무를 엮어 바자 두르듯 세운 울타리는 내 고향 골목처럼 정겨웠다. 금방이라도 돼지야 순이야 저녁 먹어라, 하며 부르는 소리가 툭 튀어나올 것만 같았다. 낯익은 풍광이 낯선 땅에서의 피로가 풀리게 하는 듯한 사립담장은 추억으로 설레게 했다. 담 너머 저쪽 양지바른 장독대에서 된장을 덜어내고 있는 푸근한 어머니 뒷모습이 보이는 듯하여 울컥했다. 어느새 바다와 맞닿은 하늘엔 파도에 멍든 자국들이 붉게 붉게 번져 있었다. 먹구름은 사라지고 파르스름하기도 하고 불그레하기도 한 노을은 밭일을 끝내고 돌아오는 어머니 머리 위의 함지박에 앉아 걸음을 재촉하는 듯했다.

 사람의 눈으로 볼 수 있는 저 아름다운 노을은 빛의 산란으로 생긴다. 햇빛이 대기권을 통과하는 길이가 길어서 지구까지 오는 도중에 산란이 잘되는 푸른색의 빛은 사라지고, 붉은색 빛만 남아 붉은빛의 노을로 보인다. 대기 중에 미세먼지나 연기 등의 입자가 많이 포함되어 있으면 빛의 산란이 많이 이루어져서 더 고운 노을이 생겨난다. 빛보다 아래에 있는 구름도 구름 입자 때문에 빛이 산란하여 붉게 보인다. 공기 중의 미세먼지가 아름다운 노을을 만들어낸다는 것이 놀라웠다.

 집을 찾아 노을빛 하늘을 나는 새들처럼 나도 집으로 돌아가고 싶다. 아니 집이 그립다. 해가 저물어 가고 노을이 물들며 어둠이 내리면 누구나 집으로 돌아가고 싶은 마음이 있겠지만, 유독 나는 귀소본능의 마음이 심한 것 같다. 남편과 함께 여행하면서도 해가 설핏한 노을을 보면 눈물이 날 만큼 집으로 돌아가고 싶다. 그래서 아기들이 낯선 곳에서 밤을 맞으면 집에 가자고 울면서 보채는가 보다. 난 아직도 그 돌잡이 아기에서 생각이 머문 것일까 궁금하기도 했다. 노을 속에서 아들의 얼굴이 보이고 해맑은 딸의 얼굴이 보이며 더 늦기 전에 집으로 돌아가야 할 것 같아 불안한 마음이었다. 어둠이 내려오면 나는 언제나 한없는 슬픔에 빠졌다.

서서히 먹구름이 사라지며 노을은 천천히 바닷속으로 스며들고 회색빛 뿌연 어둠이 노을의 꼬리를 잡으려 몸부림치는 듯 내려앉는다. 수평선 위로 큰 배의 앞머리가 보인다. 무역선일까, 여객선일까, 내 마음처럼 그리운 집으로 돌아가려고 서둘러 항구로 재촉하는 것 같았다. 돌아오는 배들을 보니, 여기서는 금방 갈 수도 없는 집으로 돌아가고 싶은 마음이 더 컸다. 어쩐지 지금 집으로 가면 밭일을 끝내고 돌아오신 어머니가 부엌에서 보글보글 된장찌개를 끓이며 기다릴 것 같은 생각이 들었다. 점점 더 어둠이 내려앉는다.

뿌~웅 뱃고동 소리를 들으니, 육지에서의 생활보다 바다 위에서의 생활이 더 긴 동생이 생각났다. 정이 많은 동생은 욱하는 성질에 마음이 급한 편이었다. 학창 시절에도 불만이 많았다. 고등학교 다닐 때는 교문 앞에 있는 집에서 나가고 싶다고 하숙을 시켜달라고 할 만큼 불만을 표출하기도 했다. 그럴 수밖에 없었던 것이, 우린 칠 남매였는데 위로 사 남매와 아래로 삼 남매가 터울이 컸다. 아래 삼 남매 중 가운데 동생이 부모님 사랑을 제일 부족하다고 느꼈나 보다. 삼 남매의 둘째처럼 말이다. 난 고명딸이며 잔병치레를 많이 하니 부모님의 아픈 손가락이었다. 막내는 막내니까 부모님 관심과 사랑을 많이 받은 대신 가운데 동생은 우리보다 좀 소홀함을 느꼈었나 보다.

그런 동생은 고등학교를 졸업하고 집에서 멀리 떨어진 해양대학을 나오고 결국 항해사가 되어 배를 탔다. 한 번 배를 타고 나가면 1년이 되어야 집에 돌아왔다. 지금도 동생은 한 줄기 빛도 없는 망망대해에서 반짝이는 별빛을 보며 그리움에 냉수 한 잔으로 밤을 지새우고 있을 것이다. 어둠 내려앉은 바다를 보니 동생이 아리게 보고 싶다. 여행을 마치고 돌아가면 동생도 집에 돌아와서 가족의 품에 안겨 있었으면 좋겠다.

붉은 노을이 차츰 꼬리를 감추더니 이젠 검은 파도만이 한 떼로 몰려왔다가 몰려간다. 온통 아름다움의 향연에서 이제 어둠의 고요와 적막만이 남았다. 이 세상 한 가운데 오롯이 혼자만 남은 느낌이다. 주변은 온통 까맣고 불안이 눈물 되어 주르르 흘렸다. 넌지시 손을 내미는 남편의 손을 잡으니 초조함이 조금은 편안해진다. 불안하고 슬펐던 기분이 가슴 깊숙이 들어가 가라앉는다. 그래 걱정하지 말자. 집은 어디로 가지 않고 아무런 일도 없이 거기서 나를 기다릴 테니 말이다.

　이제 어둠 속 파도의 일렁임을 뒤로하고 숙소로 돌아간다. 노을이, 어둠이, 적막감이 내게 주었던 그리움, 슬픔, 아픔을 버리지 못하고 누르고 눌러 가슴 깊이 담은 채로 포기하듯 감정을 감춰버렸다. 노을이 아름다운 순간의 자취를 감춰버리듯 말이다. 또 어느 순간 툭 올라와 나를 괴롭히겠지만 그것이 삶이려니 생각하며 내일을 기다린다. 붉은 노을과 까만 어둠은 찬란한 내일을 약속하기에 희망의 감춰진 빛이라고 생각한다.

구슬붕이

 몇십 년은 족히 되어 보이는 버즘나무가 만든 터널 언덕을 천천히 올라갔다. 파란 하늘을 가득 안고 있는 호수가 시원하게 펼쳐졌다. 호수가 하늘을 닮은 것인지 하늘이 호수를 닮은 것인지 극성을 부리던 미세먼지까지 걷히고 나니 세상은 온통 아름다운 연초록 물결이다.

 시원한 호숫가에 도착하여 둘레길을 걸었다. 파란 하늘이 내려앉은 호수 위의 데크길을 걷는 기분은 구름이 몽글몽글한 하늘을 걷는 느낌이었다. 호수 깊숙이 내려앉은 하늘이 뭉게뭉게 목화솜처럼 보였다. 저수지 둑에 서니 호수 아래에서 불어오는 바람이 이마에 맺힌 땀방울을 훔쳐 달아났다. 시원하고 상쾌했다. 둑 위의 노란 민들레꽃은 어느새 할 일을 마치고 할머니 머리카락 같은 은발의 꽃씨를 바람에 날려 하늘 높이 올려보냈다.

 저수지 둑길은 소속리산의 둘레길과 연결이 되어 있었다. 호수 옆 길가에 이름 모를 갖가지 야생화들이 오밀조밀 고개를 내밀고 있다. 한 굽이 돌고 오를 때마다 다른 얼굴의 꽃들이 보였다. 나날이 변화하는 봄 날씨와 같았다. 얼마쯤 걸었을까 깜짝 놀라 눈을 비볐다. 흔히 볼 수 없는 꽃, 구슬붕이가 나를 보고 살포시 웃고 있는 것이 아닌가. 깨끗한 자연환경에서만 마주할 수 있는 꽃이라 더 반가웠다. 내가 처음 구슬붕이를 만난 것은 미동산수목원의 산책길이었다.

 구슬붕이는 이름의 느낌처럼 키가 작고 귀여우며 하늘의 별 모양을 닮은 예쁜 꽃이다. 작은 줄기에 연한 남보라색 고운 꽃이 송알송알 구슬같이 매달려 있는 것 같아 구슬붕이라고 불렀단다. 생김처럼 예쁜 이름으로 꽃과 꼭 어울렸다.

 푸른 듯 엷은 보라색을 띤 구슬붕이의 꽃말은 '기쁜 소식'이다. 꽃말처럼 다른 꽃들이 피기 전 이른 봄에 갈색 낙엽 속에서 빼꼼히 얼굴을 내밀고 다른 꽃보다 먼저 봄 꽃소식을 전한다. 구슬붕이는 용담과에 속하는 두해살이 풀꽃으로 '용담'이라고도 부르며 '용이 보낸 약초'라고 하는 전설을 가지고 있는 꽃이다.

 옛날 중국의 삼가호에 하늘에서 용이 내려와 휴식을 취하는

데 호수의 물이 말라 죽을 운명에 처했다. 이를 안타깝게 여긴 마을 사람들이 물을 길어다 호수에 부어 주니 용이 기운을 차리고 무사히 승천했다. 이듬해 봄 호수 주변에는 예전엔 없던 처음 보는 풀이 푸른 듯 보라색을 띤 꽃을 피웠다. 그것이 구슬붕이였다. 신기하게도 그 풀은 매우 쓴 맛이 났다. 그 쓴맛의 풀뿌리를 백약으로도 고치지 못한 환자에게 먹였더니 알 수 없던 병들이 씻은 듯이 나았다. 사람들은 하늘로 승천한 용이 내려준 신성한 약초라고 생각했다.

구슬붕이는 곰의 쓸개보다도 더 쓴 맛을 가진 풀로 용이 내려준 선물이라고 생각하여 용의 쓸개라는 뜻으로 용담이라고도 불렀다. 용담은 지금도 한약재로 쓰이고 있다. 이렇게 예쁜 꽃에서 쓴맛이 난다고 하니 의아하고 놀라웠다. 마치 속을 알 수 없는 사람처럼 말이다.

겉과 속이 다른 구슬붕이를 보니 신혼 때 푸근하고 따뜻한 이미지에 속아 거리에 나가 앉을 뻔했던 일이 생각났다. 신혼 초 겨우 십삼 평짜리 아파트를 전세로 얻어 살림을 시작했다. 어느 날 퇴근하여 돌아오니 현관문에 빨간 글씨의 딱지가 붙어 있었다. 법원에서 붙여놓은 것이었다. 떨리는 마음으로 내용을 읽어 내려가는데 눈앞이 캄캄했다. 텔레비전 드라마에서나 보던 그런 일은 처음이라 가슴이 떨렸다. 얼마 후 2차로 또 딱지가 붙었다. 퇴근하여 늦은 시각 집주인을 찾아갔다. 집주인은 우리에게 무슨 일이 벌어지고 있는지 전혀 모르고 태평했다. 우린 그 전셋돈이 전부고 그 집에서 쫓겨나면 갈 곳이 없는데 말이다. 점점 날씨는 추워지고 난 몸도 무거워지는데 어찌해야 할지 난감했다.

신혼집을 얻을 때 처음 만난 집주인은 그저 편안한 시골 할머니 같아 고민하지 않고 결정했는데 어떻게 이런 일이 벌어졌는지 이해가 되지 않았다. 알아보니 할머니는 대한주택공사에서 지은 아파트를 주택은행의 융자를 끼고 여러 채 분양을 받은 후 전세를 주어, 자신들은 세입자에게 받은 목돈으로 사업을 하던 중이었다. 그런 후 이자와 원금을 제때 상환하지 않아 생긴 일이었다. 요즘의 전세사기 원조였다.

피해자는 우리만이 아니었다. 알고 보니 그들에게 피해를 당한 집은 총 여덟 집이었다. 피해자들이 모여 단체행동을 하려던 어느 날 저녁, 할머니가 우리 집으로 불쑥 찾아오셨다. 할머니는 돈을 돌려주려고 왔단다. 우리에게 먼저 돈을 주었지만, 피해자 중 우리만 받은 것이라 마음이 편하지 않았다. 사람의 마음을 현혹할 정도로 예쁜 구슬붕이가 쓰디쓴 것처럼 정스럽고 어리숙하던 할머니한테 그런 나쁜 마음이 있었다는 것이 믿기지 않았다.

세상 이치는 같은가 보다. 자연이나 사람이나 겉을 보고는 속을 전부 알 수는 없는 것인가 보다. 언제나 삶에는 이면이 있으니까 난 처음 만나 특별하게 친절한 사람을 항상 조심하고 쉽게 마음을 열지 않는다. 짧지 않은 세월 사회생활을 한 내 경험으로는 구슬붕이와 같은 사람이 여럿 있었기 때문이다.

구슬붕이는 주변 환경에 민감하기에 어쩌면 내년 이곳에서 다시 볼 수 없을지도 모른다. 구슬붕이를 온몸으로 감상하고 일어섰다. 자연에 순응하는 구슬붕이는 쓴맛을 가지고 있지만 몸에 좋은 약초 역할을 하는데, 우리를 속여 곤궁에 빠뜨렸던 할머니는 지금은 이승 사람이 아닐 거라고 생각을 하니 가슴이 아리고 씁쓸했다. 언제나 남에게 작은 도움이라도 되는 사람으로 살아야겠다.

형제

    나뭇가지 흔드는 소리에 창을 열어보니 매화나무의 가지가 더 반짝이는 초록빛을 띠고 있다. 작은 초록 꽃망울엔 눈이 내린 듯 가느다랗게 하얀 줄이 보였다. 죽은 듯했던 가지의 꽃망울이 살아있음을 몸으로 보여주고 있는 것이었다.
    나뭇잎이 모두 떨어진 매화 가지는 숨이 멎은 듯 앙상한 초록색 나뭇가지가 찬바람에 더 추워 보였다. 빨간 열매를 모두 직박구리에게 내어준 산수유는 찬바람에도 동그란 갈색 꽃망울을 통통하게 키워가고 있었다. 바람이 차갑게 불고 눈이 내려도 계절의 변화에 맞춰 생명의 신비는 천천히 일어나고 있다. 영하 십오 도의 추위에도 얼거나 시들지 않으며, 꽃을 품고 겨울을 나는 꽃나무들은 삶에 진심이었다.
    우리네 부모님들의 자식 사랑처럼 좋은 것은, 자식의 입에 먼저 넣어주시고 돌아앉아 냉수를 마시던 그 모습과 닮아 보였다. 어떻게 움직일 수도 없는 나무가 그렇게 할 수 있는지. 드나들며 마주하는 매화와 산수유는 부모의 자식 사랑처럼 생명의 귀함을 보여주고 있었다. 영하의 혹한기가 지나고 기온이 조금 오르니 갈색 산수유 꽃망울과 매화의 작은 꽃망울에서는 맑고 깨끗한 하얀 봄의 빛이 보이기 시작했다. 아마도 처음 보는 나무였다면 보드랍고 하얀 매화의 꽃망울을 보고도 어떤 색의 꽃을 피울지 궁금했을 것이다. 이십 년을 넘게 보아온지라 온통 초록빛 속에서도 하얀 깨끗함이 보였나 보다. 오늘 밤 자고 나면 환한 꽃 모자를 쓰고 요염하게 문밖에서 나를 기다릴 것만 같았다.

매화는 예부터 군자의 나무라고 했다. 선비들이 많이 사랑하는 나무였다. 퇴계 이황 선생의 매화 사랑은 유명하다. 자신의 생명을 다하는 순간에도 매화 화분에 물을 주라고 할 정도였으니 말이다. 한겨울을 보내고 제일 먼저 꽃을 피워내는 강인함은 무엇에도 비유할 수가 없다. 그뿐 아니라 한때는 대학 나무라고 불릴 정도로 산수유 열매가 약재로 값이 비쌀 때도 있었다.

찬 바람이 분다. 해가 지고 어둑어둑해지니 더 춥다. 저 앙증맞은 꽃망울을 어찌하려는지 아침이 오자 제일 먼저 눈길을 보내본다. 작은 꽃망울은 씩씩하고 당당하게 아침을 맞고 있었다. 저래서 저렇게 강인해서 선비들이 매화를 사군자 중 첫째로 꼽았나 보다. 아무리 눈이 내리고 스치는 바람이 차다고 해도 입춘의 훈풍을 용하게 기억하는 매화와 산수유가 참 신기하다.

　잠을 자고 일어나니 눈이 내리고 있다. 바람은 또 왜 그리 부는지 매화가 걱정이 되어 뛰어 내려갔다. 따개비처럼 나뭇가지에 붙은 작은 매화 꽃망울은 이슬에 세수한 듯 머리에 하얀 눈을 쓰고 상쾌해하는 듯 더 싱싱해 보였다. 세상 어느 꽃망울이 저렇게 고울까 어제보다 더 아름답다. 옆에 있는 산수유도 질세라 노란빛이 더 많이 눈에 띈다. 갈색 두꺼운 옷을 제법 벗어버린 산수유 꽃망울도 많았다. 매화가 먼저 꽃을 피우나 했더니 꽃망울이 터지는 속도는 산수유가 빨랐다. 하루만 볕이 좋으면 산수유꽃의 작은 꽃망울까지 터뜨릴 것 같았다.

　날 좋은 날 일박이일 여행을 다녀왔더니 잔잔하게 부는 바람에 산수유가 갈색 옷을 벗고, 큰 꽃망울을 터뜨려 노랗게 만개하여 웃고 있었다. 무슨 일일까. 매화는 아직도 주먹을 꼭 쥔 아가의 손처럼 동그랗게 봉오리인 채로 있었다. 언제쯤 꼭 쥔 저 작은 손의 봉오리가 열려 벌 나비를 부를지. 포근하던 날씨가 또 찬바람을 몰고 와 봄을 시샘한다. 밤새 유리창을 흔들며 윙윙대던 바람이 햇살에 자리를 내어주고 조용해졌다. 아침쌀을 씻다 말고 쫓아내려 갔다. 지친 듯 늘어진 매화나무 가지를 괜스레 조바심했나 보다. 어제보다 더 많이 벌어진 매화꽃 망울은 건강하고 씩씩했다.

내가 매일 매화가 건강하게 꽃이 피기를 기다리는 것처럼 내 어머니도 활짝 피어나는 자식 꽃들의 안위를 걱정하며 기다려주셨었다. 내가 처음 운전을 시작했을 때는 출근하면 전화해라 집에 도착하면 전화해라 가 인사였다. 학교에 도착했을 즈엔 기다릴 새 없이 어머니가 먼저 전화를 걸었다. 그러면 나는 바쁘다는 핑계로 받지 않을 때도 있었다. 어머니의 애타는 마음은 생각지도 않고 말이다. 매화꽃의 만개를 기다리면서 때늦은 어머니 사랑이 생각났다. 어머니가 그립다. 어디선가 직박구리 한 쌍이 노란 산수유꽃 속으로 날아든다. 아직도 먹을 것이 남아있는가 보다.

우리가 생각하는 산수유꽃 한 송이와 매화꽃 한 송이는 많은 차이가 있다. 산수유의 작은 꽃망울은 두 번 터져 꽃이 활짝 핀다. 매화는 하나의 꽃망울이 한 번에 활짝 핀다. 산수유꽃은 갈색 큰 꽃망울 속에 작은 꽃망울이 삼십에서 사십 개 정도 들어 있다. 먼저 큰 꽃망울이 터지고 나면 그 속에 들어 있던 작은 꽃망울들이 다시 터져 꽃이 활짝 피어난다. 산수유의 큰 꽃망울이 터지고 작은 꽃망울이 예닐곱 개 정도 먼저 벌어졌다. 매화는 나의 기다림을 알고 있기나 한지 아직도 감감무소식이다. 초록색 꽃망울에 가느다란 하얀 실금이 더욱 선명하게 보일 뿐이다.

  점점 부드러워지는 바람의 노크를 받으며 매화는 조금씩 조금씩 하얀 꽃잎을 밀어내고 있다. 드디어 매화 한 송이가 활짝 피었다. 겨울을 이겨낸 생명력의 승리였다. 꽃향기가 코끝을 간질이며 웃음을 준다. 겨우 한 송이가 피었을 뿐인데 금방 주변이 화사해졌다. 달달하고 은은한 매화의 향기가 주변을 감쌌다. 진정 봄을 제일 먼저 알리는 것은, 반가운 매화꽃과 산수유꽃으로 봄꽃 형제였다.

산지미냐노

  이탈리아 관광 나흘째로 중부관광을 시작하는 첫날이다. 목적지는 중세의 느낌이 물씬 풍기는 산지미냐노라는 작은 마을이라고 했다. 산지미냐노는 이탈리아 중부 토스카나 지방에 있는 탑의 도시로 많이 알려진 곳이다. 1990년에는 마을 전체가 유네스코 지정 문화유산으로 등록되기도 했단다.
  호텔을 출발한 버스는 어제와 정반대 방향으로 달리고 있다. 어제보다 아침 안개가 더 심했다. 도무지 주변의 아무것도 볼 수가 없었다. 이리 구불텅 저리 구불텅, 언덕길을 달리는 버스가 힘겹게 느껴지는 것을 보아 점점 고지대로 올라가는 것 같았다. 안내원의 끊임없는 로마 역사 이야기를 들으면서, 문득 도시락을 싸 들고 안개 덮인 천등산 다릿재를 넘어 출근하던 추억 아닌 추억이 떠올랐다. 버스가 천등산 아래 있을 때는 아무것도 보이지 않게 안개가 자욱해도 고개 위에 올라서면 천지가 개벽한 듯 신천지가 펼쳐졌었다. 파란 하늘과 어린아이 같이 해맑은 해가 나를 맞아주었었다. 구불구불 고개를 내려오면 어느새 다시 안개 속에 휩싸였다. 우리나라의 안개와 다르게 이탈리아의 안개는 꽤 높은 곳까지도 안개가 덮여있어 주변 풍광을 전혀 볼 수가 없어 답답했다.

오늘 관광 일정은 영화 '인생은 아름다워'의 촬영지인 아레조와 산지미냐노로 안내원도 처음 가는 곳이라고 했다. 일본인 관광객은 더러 찾는 사람들이 있지만 한국 관광객들은 아직 그렇게 작은 도시까지 찾는 사람들이 없었다고 했다. 꽤 긴 시간(세 시간 이상)을 달려 산지미냐노에 도착했다. 작은 성처럼 보이는 소박한 도시였다. 도시라기에는 너무 작은 곳으로 한 울타리 안에 있는 정겨운 시골 마을 같은 곳이었다. 산죠반니 마을 입구가 마치 성문처럼 되어 있었다. 안내원을 따라 육중한 나무 성문 안으로 들어갔다. 제일 먼저 눈에 보이는 것은 성당 건물이었다. 우리나라도 마을의 위치 좋은 곳에 교회나 성당이 있는 것처럼 이탈리아의 도시들도 도시의 중앙 제일 좋은 자리에는 성당이 자리 잡고 있었다. 두오모 성당 앞의 두오모 광장에 도착하여 성당에 관한 이야기를 듣고 성당 안을 한 바퀴 둘러보고 나왔다. 여느 성당과 다르지 않았다. 성당 앞에서 해산하여 각자가 즐기는 자유여행이 시작되었다. 일행은 각자 삼삼오오 흩어졌다. 이제 진짜 오롯이 자신들만이 보고 느끼는 여행이었다.

 남편과 나는 성당의 맞은편 골목으로 들어섰다. 갑자기 타임머신을 타고 중세 시대로 날아간 듯 탑의 골목에 선 주인공처럼 가슴이 설레고 흥분되었다. 잘 정돈되고 깨끗한 곳이 영화에서나 봄직한 고풍스러운 작은 골목과 집들이 정겨웠다. 작지만 앙증맞고 마음을 편안하게 해주었다. 중세 시대의 건물과 좁은 골목 그대로 그 속에서 사람들이 살며 장사를 하고 있었다. 작은 문을 밀고 들어서면 화가가 앉아 그림들 그리고 있고, 열린 작은 창문으로 들여다보면 예쁜 장신구와 생활 소품을 만들고 있었다. 경쟁과 다툼도 없는 것처럼 그저 평화스러워 보였다. 천천히 골목을 따라 더 걸었다. 굴뚝처럼 하늘을 찌를 듯한 탑들과 삼 층 정도의 고풍스러운 벽돌집들 하나하나가 그림 같고 동화 속에서 툭 튀어나온 집 같아서 낯설지 않고 정겹게 느껴졌다. 골목을 걷던 중 제일 먼저 우리를 반긴 것은 덜그럭거리는 투구를 쓰고 칼을 든 양철 돈키호테였다. 작은 출입문 앞에 서 있는 그 돈키호테와 로시난테가 함께 여행하려 따라나설 것만 같았다.

 좁고 긴 골목을 빠져나오니 넓은 광장이 있었다. 치스테르

나 광장이다. 광장의 중앙에는 오래된 우물이 하나 있었다. 그 옛날에는 우물을 중심으로 마을 사람들이 모여 큰일을 의논하던 공회장이라고 했다. 지금은 깨끗하고 관광객 외에는 없는 조용한 곳이지만 그 옛날엔 마을의 중대사를 의논하던 곳으로 대중들의 웅성거림이 들리는 듯했다. 주변엔 다른 곳보다 높은 첨탑이 있는 집들이 많이 보였다.

 이곳 첨탑들은 과거 중세 시대의 귀족들이 자신들의 부와 권력의 상징으로 가문을 위하여 다투어 높이 쌓아 올린 것이라고 했다. 첨탑이 높을수록 부자였으며 권력 또한 컸다고 한다. 이 도시에 첨탑이 많았을 때는 백 개가 넘을 정도로 첨탑의 도시였지만 현재는 열네 개만 존재해 있다고 했다. 높이 치솟은 첨탑을 보며 부도 좋고 가문의 명예도 좋지만, 저것들을 쌓던 사람들은 얼마나 힘들었을까, 생각하게 했다. 조용하고 좁은 골목에는 장난감처럼 작은 자동차가 지나다니기도 했다. 이 마을에만 다닐 수 있는 차들이었다. 그저 평화롭게 보일 뿐이었다.

 두오모 성당 뒤에는 작은 학교가 있었다. 우리나라의 학교와는 개념이 달랐지만, 어린이들이 모여 공부하는 곳이었다. 오후가 되니 수업이 끝난 아이들이 우르르 나왔다. 하교 시간인가 보다. 산지미냐노는 도시라기보다 작은 마을이라는 말이 더 어울리는 곳이었다. 골목 이곳저곳을 다니며 여행의 피곤함을 모두 씻어낸 듯 마음이 편안해졌다. 골목골목이 하나하나 그림 같았다. 창가에 놓인 작은 화분 하나에서부터 대문 앞에 놓인 조형물 하나까지 집집마다 너무 아름답고 깔끔하게 정리되어 있었으며 나무와 꽃들 역시 계절을 잊게 했다. 한 일주일 묵으며 천천히 구경하고 몸과 마음을 쉬고 싶은 곳이었다. 지나는 골목마다 작은 가게가 발걸음을 멈추게 했고 토산품 하나하나가 아기자기했다. 작고 좁은 창문 너머로는 옛날 인형이 툭 말을 걸어오기도 했다.

마치 우리나라 민속 마을의 한 골목을 천천히 돌며 이곳저곳을 둘러본 느낌이었다. 깨끗한 고무신이 곱게 놓여있는 댓돌과 하얀 앞치마가 바람에 펄럭이는 빨랫줄 등 지나간 시간을 여행했던 것처럼, 산지미냐노의 옛 정취 풍기는 도시의 관광이 서서히 끝나가고 있다.

예정된 짧은 자유여행 시간이 다 되었다. 아쉬움에 아쉬움을 마을의 높은 첨탑처럼 쌓아가며 다시 방문할 수 있을지 모를 다음을 기약하며 마을을 나왔다. 짧은 시간 중세 시대의 도시를 돈키호테와 함께 여행하던 꿈에서 깨어났다. 더없이 편안하고 여행으로 지친 마음을 위로하는 시간이었다.

초대

하늘 맑고 바람 시원한 만추에 '어느 수집가의 초대'를 받아 국립청주박물관으로 갔다. 명암지의 반짝이는 윤슬 위로 오리배들이 유유자적 떠가며 물속에 내려앉은 가을 경치를 즐기고 있다. 수집가의 커다란 정원에는 가을이 가득했다. 나무에 매달린 노랑 빨강 단풍잎들이 갈바람에 일렁일렁 그네를 탔다. 진입로의 검은 돌바닥에는 노랗게 물들어 떨어진 느티나무 잎들이 햇살에 고운 몸을 말리며 비스락비스락 손님을 맞았다. 울긋불긋 고운 단풍에 풍덩 빠진 박물관 건물은 휘달려 내려온 우암산의 일부인 듯 자연스럽게 어울려 보였다.

고운 나뭇잎이 융단처럼 깔린 나무 밑과 아직 파릇파릇 젊음을 말하는 잔디밭을 지나 수집가의 정원에 들어서니 곳곳을 차지한 크고 작은 석인상들이 먼저 반겼다. 키 작은 석인상과 동자석의 군상들은 가을을 노래하는 합창단처럼 보였다. 입구에 키가 큰 벅수(돌장승)는 수집가의 정원을 지키고 있는 듯 위엄있게 서 있었다. 이번 전시회는 특별전시실에서 이야기가 시작되어 상설전시실에선 금속 문화재 수집품을 소개하며 야외정원에는 석조 전시물이 자리하고 있어 안팎으로 다니면서 전시물을 관람할 수 있었다.

아주 특별한 전시회로 고 이건희 회장의 기증 일주년 기념 특별전이 국립중앙박물관을 출발하여 국립청주박물관에서 셋째 번으로 열리는 전시회다. 사전 인터넷 예약을 통하여 한 시간에 최대 백 명이 입장할 수 있었다. 리플릿 속에서 만났던 전시장 입구 작은 석인상의 친절한 안내를 받으며 전시실로 들어섰다.

어디선가 졸졸졸 맑은 물소리와 새소리가 들리는 듯 눈앞에는 '구담봉도'가 들어왔다. '구담봉도'는 단양팔경 중 하나인 구담봉의 우람하고 빼어난 경관을 유람한 유제홍이 가슴에 남은 경치를 그림으로 그리고 느낌을 시로 써서 표현한 것이었다. 원래 구담봉의 봉우리는 하나이지만 작가는 다섯 개의 봉우리로 다양하게 표현하였다. 지두화법指頭畵法으로 표현된 그림은 그 선의 느낌이 투박하면서도 부드럽고 강하여 웅장하게 솟은 구담봉의 모습을 잘 나타냈으며 푸근한 가을의 솔바람

소리가 바위 꼭대기에서 흘러내리는 것 같았다.

천천히 국보급과 보물급의 크고 작은 청자와 백자의 도자기, 달항아리까지 보고 처음 공개되는 꾸미개 소품들을 감상하다가 발걸음이 멈춘 곳은 수집가 고 이건희 회장이 가장 사랑했던 단원 김홍도가 그린 '추성부도秋聲賦圖' 앞이었다.

'추성부도秋聲賦圖'는 김홍도가 중국 송대 구양수가 쓴 '추성부秋聲賦'라는 글을 읽고 그 내용에 공감하여 느낌을 그림으로 그리고 말미에는 '추성부秋聲賦'의 원문을 정갈하게 쓴 그림이었다. 구양수는 글에서 가을의 소리를 다음과 같이 표현했다. "처음에는 바스락바스락거리고 휘휘 거리더니 갑자기 물결이 거세게 일어 치닫고 물결이 부딪쳐 올랐다. 마치 파도가 밤에 놀라 갑자기 비바람이 몰아치는 것 같았는데 그것이 물건에 부딪힘에 쨍그렁 쨍그렁하여 쇠붙이가 모두 울리는 것 같고 마치 적진으로 나가는 군대가 입에 재갈을 물고 질주하는 듯 호령 소리는 들리지 않고 사람과 말이 달리는 소리만 들리는 듯하기도 했다." 이렇듯 구양수의 '추성부秋聲賦'를 읽지 않고는 김홍도의 '추성부도秋聲賦圖'를 제대로 이해할 수가 없을 것 같았다.

나도 모르게 조용한 느낌의 그림 속으로 빨려 들어가고 말았다. 이미 깊을 대로 깊은 가을의 쓸쓸함이 산에서 내려오는 바람을 타고 오는 듯도 했고, 내 가슴엔 그 바람 따라 슬픔의 눈물이 뚝뚝 떨어져 내렸다. 가을의 풍요를 나타내는 나무의 열매는 온데간데없고 앙상한 나뭇가지에 스치는 바람은 시린 내 가슴을 두드렸다. 이미 나뭇잎 다 떨어진 메마른 산은 조용하다 못해 휑하여 작은 바람에도 버스럭거렸다. 바람이 지나가는 듯 빈 가지끼리 부딪히며 깊어지는 가을, 떨어지는 잎을 잡아두려 했을까, 꺾여진 가지가 애처로웠다. 점점 길어지는 가을밤, 항아리 창문으로 보이는 선비는 글을 읽다가 동자를 불러 귀에 들리는 소리가 무슨 소리인지 물었다. 밖으로 나간 동자가 이르기를 "달과 별이 밝게 빛나며 하늘엔 은하수가 걸려있고 사방에는 인적이 없으니 그 소리는 나무에서 나고 있습니다."라고 하였다. 글을 읽던 선비는 추성秋聲(가을소리)에 귀 기울이고 있는 듯했다.

　그에 선비는 가을을 또 이렇게 표현하였다. "아아! 슬프도다. 이것은 가을의 소리구나. 어찌하여 온 것인가? 저 가을의 모습이란 그 빛깔은 암담하여 안개는 흩날리고 구름은 걷힌다. 그 모습은 청명하며 하늘은 드높고 태양은 빛난다. 그 기운은 차가워 피부의 뼛속까지 파고들고 그 뜻은 쓸쓸하여 산천이 고요하다. 그러므로 가을의 소리는 처량하고 애절하며 울부짖고 외치는 듯하다."라고 했다.

아침마다 안개 속에서 고개를 내미는 가을 풍광을 이야기하고 있었다. 한참을 그림 속에 빠져 가을을 맞은 내 마음을 생각했다. 지난날 가을만 되면 눈물을 흘리던 때가 생각났다. 구양수도 말했듯이 가을은 정말 슬펐다. 나뭇잎이 떨어지는 모습도 슬펐고 찬바람이 내 옷소매를 잡으며 매달리는 것도 싫었다. 빨간 사과가 탐스럽게 달린 사과나무를 보고도 슬퍼서 울었다. 가을이 되면 이유 없이 몇 달은 울면서 시간을 보낸 것 같다. 그렇게 슬퍼했던 우울한 마음은 첫눈이 내려야 조금씩 조금씩 사라져갔다. 해가 바뀌고 시간이 흘러 산에 나무들이 곱게 물들기 시작하면 또 가을이 찾아와 나를 슬프게 했었다. 깊어지는 이 가을 '추성부秋聲賦'를 읽어보니 본래 가을이란 계절은 슬픈 계절이었나보다.

어느덧 전시관의 맨 마지막 방에 도착했다. 그곳엔 '수집가의 하루'란 명패와 함께 한쪽 벽면을 꽉 채운 장식장엔 문방사우를 비롯한 작은 장식품 같은 소품들이 가득 전시되어 있었다. 고 이건희 회장은 매일 아침 일찍 일어나 아끼는 미술품을 감상하며 하루의 일과를 시작했다고 기록되어 있었다. 아마도 수집가의 손때묻은 작품들인 것 같았다. 대를 이은 수집가의 높은 안목과 관심이 오늘 가을을 풍성하게 만들어 주었다.

어디선가 웅장한 듯 낭랑한 범종 소리와 함께 '백자 청화 산수무늬병'의 우아한 배웅을 받으며 전시실을 나왔다. 상설 전시장의 사랑채 앞 계단 끝에서 만난 '꽃을 품에 든 소녀상'의 미소에 행복이 가슴 가득 차올랐다. 오늘 가을은 슬픔보다 파란 하늘에 새하얀 뭉게구름이 유난히 아름다워 보였다.

아까시꽃

　화려한 색깔의 드라마 같은 꽃 잔치가 끝났다. 이제 초록의 청량함 속에서 순백의 꽃들이 엉거주춤 봄과 여름에 다리를 걸치고 때론 봄처럼 때론 여름처럼 바람에 일렁인다. 새벽 산책 겸 걷기운동을 나섰다. 달달한 꽃향기가 가는 곳마다 가득한 느낌이다. 고개를 들어보니 아까시꽃이 온통 꿀맛 같은 향을 뿜어내고 있었다.
　바람이 휙~ 지나가니 꽃향기는 더 진하게 코끝으로 들어온다. 어느새 흥얼흥얼 콧노래를 부르며 향기 속으로 스며들었다. 가로수길의 느티나무 초록 잎에서도 아까시꽃 향기가 나는 것 같았다. 노란 개나리와 벚꽃이 지고 새색시의 고운 치맛자락 같은 영산홍까지 지고 나니 온 세상에 눈이 내린 듯 아까시꽃으로 눈이 부셨다. 하얀 꽃으로 달달한 향기로 세상을 감싸고 있다. 벌들이 열심히 찾아들어 탐스러운 꽃송이의 작은 꽃 하나하나를 드나들며 일하는 모습이 바빠 보였다. 어느새 꿀벌의 뒷다리에는 노란 꽃가루가 통통하게 달라붙어 잘 날지도 못하고 뒤뚱대는 모습이 우스꽝스러웠다.

사실 아까시나무는 우리가 잘못 알고 있던 아카시아나무를 말하는 것이다. 아까시나무는 1900년대 초 우리나라에 처음 들어온 나무다. 원산지는 북미 지역으로 내가 어렸을 때만 해도 아까시나무는 쓸모없는 나무라는 소리를 들었던 나무다. 성장 속도가 빠르고 번식력이 왕성하여 산에 심으면 다른 나무들을 죽인다고 했었다. 정확하게 아까시나무가 처음 들어온 시기는 일제 강점기였다. 그들이 우리에게 손해를 입히려고 했다는 생각 때문에 그냥 아까시나무를 싫어했었다는 이야기가 전해지기도 한다.

아버지도 그 말을 믿고 밭둑에 아까시나무를 베어내고 뿌리까지 캐내는 것을 나는 보았다. 작은 뿌리의 끝만 남아도 새순은 몇 개가 올라올지 모르기 때문이란다.

하지만 한국전쟁이 끝나고 포화로 잿더미가 된 산에 처음으로 심었던 나무는 아까시나무였다. 빠른 산림 녹화를 위해 대량으로 심었다. 내가 중고등학교에 다닐 때까지도 사방공사에 쓰려고 아까시나무의 씨를 받아 학교에서 모았던 적이 있다. 이렇게 아무 쓸모도 없다는 아까시나무는 전국으로 늘어만 갔다.

그렇게 시간이 가면서 아까시나무의 비밀이 벗겨지기 시작했다. 아까시나무는 자라면서 주변의 땅을 기름지게 만드는 콩과 식물로서 잿더미가 되었던 땅에 재생력을 키워주는 특징을 가지고 있었다. 또 번식력이 강한 아까시나무는 우리가 알고 있던 사실과는 반대로 다른 나무들이 잘 자라는 일반 흙에서는 그 흙에 새로운 영양분을 주고는 스스로 도태되어 없어진다고도 했다. 결국 포화 속에서 황폐해진 국토를 살려내는 일등 공신 역할을 했던 나무다. 요즘은 양봉하는 가정의 밀원으로 각광을 받는 나무가 되어 전국 어디서나 아름다운 꽃을 볼 수 있는 나무가 되었다.

아까시꽃이 환하게 핀 매봉산의 꽃향기가 아파트단지를 깊이 감쌌다. 어스름 달빛 속에 달콤한 꽃향기는 더욱 진했다. 내일부터 비가 내린다고 하니 걱정이다. 일찌감치 달달한 꽃향기가 사라질까, 마음이 조마조마했다. 구름에 가린 달을 보며 몇 번이고 베란다 문을 활짝 열어 비가 내리는지 확인했다. 그때마다 꽃향기가 거실 안으로 우르르 들어왔다. 거실 가득 향기를 담아 놓고 잠자리에 들었다. 밖에 남은 꽃향기는 내일 아침 산책길에 나를 기분 좋게 해줄 것이다.

구름 가득한 하늘이 살며시 내려앉은 새벽, 여명 속으로 조심조심 나가 보았다. 아직 비는 내리지 않고 밤새 외롭게 떠 있던 꽃향기들은 나에게로 마구마구 달려들었다. 그 향기에 취한 직박구리며 이름 모를 새들의 소리까지 맑고 청아한 산골 합창처럼 들렸다. 자연은 위대하다고 생각했다. 어떻게 서로들 교감하는지 향기의 달달함과 소리의 아름다움과 고운 빛깔까지 어느 하나도 빠지면 안 될 것 같았다. 온통 향기에 묻힌 세상은 자연의 오케스트라 같았다.

화살나무가 둘러 진 아파트 울타리를 따라 천천히 걸었다. 옆으로 산언덕에 높게 피어있는 아까시꽃을 목이 아프게 쳐다보며 웃었다. 어릴 적 아까시나무 새순을 꺾어 먹으며 집으로 돌아오던 하굣길이 생각났다. 그때 함께했던 친구들이 참 그립고 보고 싶다. 까르르 까르르 자지러지게 웃는 친구들의 웃음소리가 아침 공기 속에 들리는 듯했다.

툭~투~둑 머리 위로 빗방울이 떨어졌다. 덜컥 가슴이 내려앉는다. 아직 아까시꽃이 활짝 피지도 못했는데 금방 떨어질까 봐 걱정되었다. 바람도 없이 조용하게 내리는 빗소리를 듣는 듯 아까시나무는 다소곳하게 가지를 늘어뜨리고 있다. 비가 내릴수록 아까시꽃 향기가 점점 사라지고 있다. 비는 계속 내리고 밤이 깊어지자 바람까지 일기 시작했다. 시작은 미약하여 조금 아주 조금씩 일렁이더니 점점 바람이 세게 불었다. 곱게 늘어졌던 꽃가지가 마구 휘둘리며 서로 부딪쳐서 비에 젖은 꽃들이 떨어져 내렸다. 이럴까 봐 마음속으로 그렇게 기도했건만 올해도 곱던 아까시꽃은 삼일천하가 되고 말았다.

하얗게 향기를 뿜어내던 아까시꽃은 이틀 밤낮을 내리던 비바람에 지쳐 모두 떨어졌다. 세차게 불던 바람에 꽃잎은 으스러져 떨어지고 꽃받침과 암술만 멀뚱히 남아있었다. 꽃들의 화려함도 아니 진한 향기까지도 순간에 모두 가져가 버렸다. 그저 허망한 느낌이 들었다.

떨어진 아까시꽃을 보며 아쉬움에 눈물 나게 슬펐지만, 우리 인생도 그랬으면 좋겠다고 생각했다. 백세시대니 장수 시대니 하는 말이 좋게 들리지만은 않는다. 요즘 노인들에게 유행하는 말이 구구팔팔이삼사란다. 사람의 힘으로 할 수 없는 일이지만 준비된 죽음을 맞을 수 있다면 얼마나 좋을까.

아까시꽃처럼 이제 막 피어났는데 생각지도 못한 바람 때문에 생을 다하지도 못하고 떨어졌으니 얼마나 억울할까. 억울하게 떨어져 죽어가는 꽃을 보고 행복하겠다고 생각하는 것은 이율배반적인 생각일까. 사람이라면 누구나 한 번쯤은 생각하는 일일 것 같다. 지병으로 고생하다가 가족도 없는 곳에서 간병인이나 사회복지사의 손을 잡고 마지막을 보내고 싶지는 않을 것이다. 아까시꽃처럼 그렇게 갑자기라도 가족들 곁에서 생을 마감하고 싶지는 않을까.

 마지막 바람일까. 긴 바람이 아까시나무 숲을 지나간다. 비에 씻기고 마지막 남은 향기를 쓸어모아 내게로 보내주었다. 달콤함이 폐부 깊숙이 들어온다. 희망의 큰 울림 같았다.

수상가옥

한여름 열기가 온몸으로 달려드는 인도양의 진주라고 불리는 말레이시아의 페낭(Penang)에 도착했다. 바닷가의 작은 도시 조지타운이 우리 일행의 목적지다. 페낭의 작은 도시 조지타운은 2008년도에 도시 전체가 유네스코 세계문화유산으로 등재된 곳이었다. 작은 도시는 깨끗하지는 않았지만, 고풍스러운 역사적 명소가 많이 보이는 곳이었다.

페낭에 도착하여 제일 먼저 찾은 곳은 말레이시아에서 중국문화를 느낄 수 있는 수상가옥 촌이었다. 수상가옥은 동남아시아 열대지역에서 흔히 볼 수 있는 가옥 형태 중 하나다. 그들이 물 위에 집을 짓고 살게 된 까닭은 자연환경 때문이다. 모기 같은 해충의 피해를 막을 수 있고 물 얻기가 쉬우며 이동이 편리하고 땅 위에 지은 집보다 시원할 뿐만 아니라 육지 맹 수(뱀)들의 피해를 줄일 수 있기 때문이라고 했다.

　수상가옥의 형태로는 강이나 바다의 얕은 곳에 나무 기둥을 박은 후 그 위에 나무판자로 바닥을 깔고 집을 짓거나, 배를 생활공간으로 만들어 이용하는 형태들이 많았다. 집을 짓는 재료로는 단연 나무를 많이 이용했다. 주변에서 구하기가 쉽고 물에 잘 뜨기 때문이다. 또한 배를 이용하는 이유는 육상보다 바다에서 이동하기 편리하기 때문이라고 했다.

　페낭의 수상가옥은 캄보디아나 태국의 수상가옥과는 좀 다른 형태였다. 캄보디아와 태국은 도시를 흐르는 강을 이용한 대신 페낭은 대부분 바다의 얕은 곳에 많이 지어져 있었다. 처음 수상가옥이 생기기 시작한 것은 19세기 초 중국의 이민자들에 의하여 지어졌다고 했다. 조지타운의 웰드 키(Weld Quay) 항구에 처음 도착한 중국 이민자들이 잔교棧橋 주변에 이어 집을 지은 형태가 지금의 수상가옥이란다. 잔교棧橋란 배를 댈 수 있도록 나무다리처럼 길게 만들어 놓은 구조물을 말하는데 가난한 이민자들은 그 주변에 기둥을 세우고 마루를 연결하여 집을 짓기 시작한 것이다. 결국 잔교棧橋는 수상가옥의 골목이 되었다.

　중국 이민자들이 바다에 집을 지은 까닭은 가난했고 날씨가 더워서 더위를 피하려고 시작한 것이라 했다. 말레이시아 정부에서는 처음 바다 위의 수상가옥에 정착한 중국인들에게 세금을 부과하지 않았다고 한다. 지금도 수상가옥에 사는 사람들은 세금을 내지 않는단다. 수상가옥 촌에 들어서니 하수구의 썩는 냄새도 나고 지저분했으며, 구석에 바닷물이 보이는 낮은 판자촌 같은 집에서는 사람들이 살고 있었다. 그곳에서 살며 오폐수를 바다에 그대로 버리기 때문에 코를 찌르는 냄새도 나고 지저분하지만, 분명한 것은 이십일 세기인 현재도 사람들이 살고 있다는 것이다. 우리가 도착했을 때는 물이 빠져 있어 잔교 밑과 끝에는 쓰레기와 함께 바닷물이 찰랑대고 있었다. 잔교 끝의 바닷물은 하얀 뭉게구름을 안고 사진 찍기 좋은 명소였다. 우리 일행도 구름을 한주먹 잡은 것처럼 연출하여 사진을 한 장씩 찍었다.

처음 중국에서 건너온 사람들이 수상가옥을 만들 때는 각자 씨족별로 만들었다. 지금도 당시 수상가옥을 만들었던 지역을 중심으로 림(Lim), 추(Chew), 탄(Tan), 리(Lee), 여(Yeoh), 코아이(Koay) 등의 성을 가진 집안이 세운 여섯 개가 존재하고 있으며, 찹 세 케오(Chap seh Keo)는 중국의 여러 성씨가 함께하는 수상가옥 촌이란다.

일곱 개의 수상가옥 촌 중 규모가 가장 큰 곳은 추(Chew)씨가의 수상가옥 촌으로 입구 넓은 벽에는 할아버지와 아이가 밝고 환하게 웃는 벽화가 그려져 있는 곳이었다. 입구에 있는 조상을 기리는 사당은 씨족의 경제적 규모에 따라 크기를 달리하여 짓고 조상을 섬기는 일을 하고 있었다. 낮에도 조상을 위하여 피우는 향의 연기로 주변은 안개에 덮인 것처럼 뿌옇다.

수상가옥 촌의 낮은 목조 건물이 이어져 있는 좁은 골목 잔교를 따라 들어가니 문이 열려있는 집을 구경할 수 있었다. 좁은 실내에 가재도구가 정리된 거실과 나무 바닥에 구멍만 뻥 뚫린 화장실인 듯한 공간도 보였지만 지금은 사용하지 않는 듯 깨끗했다. 육지에서 멀수록 조용하고 사람이 살지 않는 곳은 창고처럼 보였다. 육지 가까운 쪽에는 아직도 사람들이 살고 있으며 기념품을 파는 가게와 열대 과일을 파는 가게, 간단한 먹을거리를 파는 가게들로 방문객을 맞았다.

길만 보면 영락없는 골목길인데 바닥이 나무 바닥이라 실내 테마파크 같은 느낌마저 들었다. 잔교 끝에 도착하니 문득 낚싯대를 드리우고 싶은 생각이 들기도 했다. 그대로 낭만이 깃든 거리로 느껴졌다.

잔교를 한 바퀴 돌아 나온 우리도 길거리 음식을 파는 좌판에 둘러앉았다. 시원한 것을 먹기로 했다. 열대 과일 주스를 마실까, 과일 팥빙수를 먹을까, 하다가 팥빙수로 통일하여 먹기로 했다. 사실 주변이 너저분하여 먹고 싶지 않은 마음도 있었지만, 여행의 진정한 맛을 보기 위하여, 주문하고 잠시 기다리니 얼음과 열대과일 위에 삶은 팥을 얹은 빙수가 나왔다. 한 숟가락 입에 넣으면 살살 녹는 얼음과는 달리 딱딱한 얼음 조각이 입안에 남았지만 잠시 더위를 식히기에는 도움이 되었다.

  인류의 주거 공간 변화가 인간이 정착 생활을 하게 한 것처럼 청운의 꿈을 안고 고국을 떠나온 중국 이민자들의 정착에 대한 어려움이 느껴지는 수상가옥 촌에서 그들의 근성을 느낄 수가 있었다. 무엇보다 씨족을 중요하게 생각하는 그들이 만들어낸 작은 중국 같은 수상가옥 촌은 새로운 중국 문화를 보는 일부였다. 멀리 잔교 끝에 하루 더위의 꼬리를 잡고 붉은 노을이 춤추기 시작했다. 갈 곳 없는 나그네의 발길이 괜스레 바빠졌다.

인생은

　나는 혼자다. 아니 혼자라고 느낀다고 해야 할 것 같다.
　문틈 새로 들어오는 햇살에 보이지 않던 먼지들이 모여 춤을 추고 있었다.
　난 어머니의 자궁 속에서도 이렇게 있지 않았을까. 어머니의 배꼽 틈새를 비집고 들어온 빛을 받아 유영하면서 자유를 마음껏 누렸을 것이다. 그래도 그때는 어머니와 함께였었다. 그런데 지금은 혼자다. 주변의 가족들은 그냥 울타리 아니 그늘을 만들어 주는 나무라는 생각이다.
　난 열심히 살았다. 가족을 위해서도 사회를 위해서도 나를 잊고 최선을 다하며 살았다. 언제부턴지 알 수는 없지만 돌아서면 문득 혼자라는 생각이 드는 때가 많아졌다. 분명 내 옆에는 남편이 있고 딸과 아들도 있는데 난 더 외롭고 혼자라는 생각이 커졌다. 어쩌면 가족 속에서 왕따 같다는 생각을 자주 했다. 아무도 느끼지 못하는 감정을 혼자만 느끼고 있는 것 같았다.

　결혼한 지 사십 년이 넘었다. 돌아보니 무엇을 했는지 이루어 놓은 것도 없는 것 같고 차츰 나도 사라져가는 느낌이었다. 누구를 위하여 살았는지 왜 살고 있는지도 모르겠다. 아무도 없는 망망대해에 버려진 것처럼 슬펐다. 나의 순수한 노력이 순간에 무너진 느낌이 들었다. 구름 낀 밤하늘에서 별을 찾는 어리석음처럼 희생의 결과는 돌아오는 것이 없다는 것을 알았다. 무엇을 기대하고 대가를 바라고 사는 것이 결혼은 아니다. 그렇게 깨달으며 살고 있는데, 생각해 보면 주변의 가족이 모두 떠나서 내가 외롭다고 해도 찾아와 줄 이가 아무도 없다고 느끼고 있다. 아프다고 말해도 위로는커녕 듣는 이가 아무도 없었다. 뜨거운 눈물이 폭포처럼 흘러내렸다.

　남편은 아침 여덟 시가 조금 넘어 집을 나섰다. 췌장암으로 병원에서 사투 중인 동생을 만날 수 있을까 아니 면 발치에서나마 얼굴이라도 볼 수 있을까 하여 가는 중이었다. 유리창을 통하여 면회하고 영상통화로 면회하는 코로나 시대에 생겨난 상황이 우리에게도 닥칠 줄은 정말 생각도 못 했다. 심한 통증의 고통을 혼자 참아내는 동생의 손 한번 잡아주기가 이렇게 힘들 줄 몰랐다. 남편의 안타까운 마음을 이해하지 못하는 것은 아니다. 그런데 오늘은 다르다. 언제나 서로의 그림자처럼 함께 다니는 우리가 남편의 오후 일정 때문에 함께 가지 못했다. 집에서 출발하고 시간이 지나니, 병원에는 도착했는지 멀리서라도 동생 얼굴을 보기는 했는지 궁금해지기 시작했다. 남편은 아주 가끔 어느 때는 "버스가 출발한다, 목적지에 도착했다." 이런 연락을 하는 사람이다. 오늘 같은 날 그런 이야기가 필요한데 도무지 감감무소식이었다. 잘 떠나고 도착하고 이런 것이 아니라 아픈 동생 얼굴도 보지 못하여 상처받지는 않았을까. 가슴에 꾹꾹 묻고 혼자 속으로 피눈물을 흘리고 있지는 않을까 걱정하고 있는데 집을 떠난 지 여섯 시간이 지났다. 아무 연락도 없었다. 점심을 먹으려고 했지만 불안하고 초조하여 먹지를 못했다. 그냥 두근두근 소식을 기다리고 있었다. 남편의 가슴 아린 마음과 기분을 이해하면서도 이렇다 할 연락이 없는 것에는 화가 나기 시작했다.

　나도 가족인데 같이 아파하고 있는데, 원초적인 상황에 대하여 나만 모른다는 것이 속상했다. 혼자만의 상상은 점점 극으로 치달았다. 나를 가족이라고 생각하지 않는 것일까. 그래서 알 필요조차 없어서 연락하지 않는 것일까. 아내니까 말하지 않아도 알겠지, 하는 생각에 이야기도 해주지 않는 것은 정말 서운했다. 언제나 느껴왔던 것처럼, 아무도 내게는 상황 설명도 하지 않고 왜 너만 몰라 가족인데 하는 식이었다. 마치 친구들이 여러 명 모여 마음에 들지 않는 친구 하나를 배제하는 것 같이 느끼게 했다. 식구 중 아무도 그렇게 생각하지 않는데 순간 나는 가족이 아니라는 극단적인 생각까지 했다. 여기까지 생각하고 나니 그럼, 나는 뭐지 하는 생각에 머물고 말았다.

 궁금하다 면회도 할 수 없는 상황에서 무작정 병원엘 갔고 어쩌면 하는 생각에 얼굴도 보지 못했다면 남편은 어떻게 하고 있을까 초조한 마음이 병원에 가 있는 것처럼 일도 손에 잡히지 않았다. 그렇게 불안한 마음으로 기다리다가 연락했다. 그제야 연락이 되었다. 삼 층 입원실 창문을 통하여 일 분 정도 얼굴을 보고 점심도 먹었단다. 내가 생각했던 궁금증이 모두 풀렸다. 다행이라 생각하면서도 순간 피가 거꾸로 흐르는 듯했다. 그랬으면서 나에게는 알려주지 않아 점심도 먹지 못하고 걱정만 했던 내가 바보처럼 생각되었다. 나 같은 것은 안중에도 없는데 나 혼자 가족인 척, 한 것 같아서 배신감을 느꼈었다.

 내 마음을 내가 아무리 다독이고 솟아오르는 감정을 눌러도 진정되지 않았다. 내가 남편에게는 하찮은 존재였구나 하는 생각까지 하니 너무 속상했다. 이젠 집을 나가도 갈 곳도 없는 난데 그래서 함부로 대하는 것일까. 전화기를 손에서 놓지 않는 남편이 문자 한 통의 가치도 없을 만큼으로 나를 생각하는 것일까. 내 존재 자체가 비참하게 느껴졌다.

남편의 마음과 기분을 모르는 것도 아니고 이해는 한다. 하나 나도 누구 못지않게 걱정하고 있는 것을 인정해달라는 것뿐이다. 나쁜 일일수록 서로 나누면 반으로 줄어든다고 했는데 왜 나에게 이야기하지 않는지 알 수가 없었다. 내가 신경 쓸까 봐, 그러는 것이 아니고 나를 함부로 대하여 넌 몰라도 돼 이런 느낌이었으니까 가족들의 배신감에 난 죽을 것처럼 마음이 아팠다. 그런 것이 아니라는 변명 한마디 없는 남편과 마주하는 것이 힘들었다. 이런 일을 두어 번 겪고 나니 점점 한 가족이 아닌가 하는 생각까지 하게 되고 그럼, 나는 뭔가 생각하게 되었다.

이런 생활을 하면서 생각하고 알게 된 것들이 있다. 세상 누구에게 보다도 내 옆에 있는 내 식구에게 잘해야 한다는 것이다. 내 남편, 아내, 자식들, 날마다 보고 함께 있으니 함부로 대해도 되는 존재가 아니라, 무엇이든 제일 먼저 이야기하고 기쁜 일도 슬픈 일도 함께 나누는 가장 중요한 사람이 식구, 가족 아닌가? 지금까지 살면서 나 스스로 알아차려야 하고 해결해야 하는 가정 삶이 참 많이도 힘들었다.

가족일수록 더 많이 이야기하고 무슨 일이든 제일 먼저 상의해야 할 것이다. 가족이니까 말하지 않아도 알겠지, 하는 생각은 오해만 키울 뿐이고 가족 한 사람을 외톨이로 만들 뿐이다. 종일 먹지도 않고 남편의 연락을 기다렸다. 찬 겨울의 짧은 해가 서쪽 하늘을 향할 때까지 아무런 연락도 없었다. 겨울 어둠은 빨리 세상을 삼켜버렸다. 남편이 자신의 마음이 아프다고 이야기를 해주지 않아서, 그래서 나는 슬픈 혼자였다. 우리 인간은 이 세상에 올 때부터 아니 어머니의 뱃속에서부터 혼자였다. 그래도 나는 소중한 하나의 생명이다. 혼자여서 외롭고 쓸쓸한 삶이지만 나 자신을 더 깊이 사랑하고 존중하려고 한다. 어두워진 밤하늘에 별 하나가 유난히 반짝인다. 혼자여서 외로운 나를 위로하는 것만 같았다.

연주회

　연말 시립교향악단의 공연을 예매하여 기다리고 있는데 취소 환급되었다고 연락이 왔다. 코로나의 유행 때문이라고 했다. 처음엔 조금만 시간이 지나면 괜찮아지겠지 했는데 코로나 유행이 상반기를 훌쩍 넘기게 되었다. 당연했던 일상이 멈추고 마스크가 필수품이 되었다. 사람과 사람 사이에 건강을 지키기 위한 거리 두기가 시행되면서 여러 사람이 모이는 곳은 스스로 피하게 되었다. 나란히 앉아 공연을 보기는커녕 밥도 먹을 수가 없게 되었다. 공연예술가들이 일 년 동안이나 무대에 설 수 없게 되는 것은 아닐까 하는 걱정도 됐다. 예술가들은 무대에 서지 못하면 수입도 없을 테니 말이다.
　청주시립예술단들의 작품 몇 편이 공연에 올라와 감상하며 그동안의 답답함을 조금이나마 날려버릴 수 있었다. 하나 좀처럼 수그러들지 않던 코로나가 찬 바람 부는 가을이 되면서 이차 유행이 시작되어 부쩍 환자 수가 늘고 사망자 수도 늘어났다. 예술 공연이 아주 전면 금지되고 다섯 명 이상은 모일 수조차 없게 되어 사전 예약했던 공연이 모두 취소되었다. 좋은 공연도 볼 수 없고 여행도 할 수 없는 답답한 시간이 계속되고 있었다. 졸지에 평범한 일상이 사라지고 멀리 있는 가족과 지인들도 만날 수 없는 삶은 그야말로 창살 없는 감옥과 다를 바 없이 점점 만남의 거리는 멀어져만 갔다.

 길에서 옆으로 스쳐 지나가는 사람도 눈치를 보며 나를 지키고 보호하는 동안 일 년이 금세 가버리고 새해가 되었다. 변함없이 신년 시립교향악단의 연주회가 있다기에 청주아트홀로 갔다. 두근두근 설레는 마음으로 공연을 기다리고 있었다. 현악기를 든 연주자들이 까만 연주복에 하얀 마스크를 쓰고 입장했다. 취주악기를 든 연주자들은 무대 위의 아크릴 칸막이 안으로 들어가 한 사람씩 자리를 잡았다. 좁은 칸막이가 답답하고 불편하게 보였지만 연주자들의 밝은 표정은 볼 수 있어서 좋았다. 뒤이어 상임지휘자와 함께 첼로 협연자가 똑같이 마스크를 하고 입장을 하는 것이었다. 관객의 박수를 받으며 연주자들이 입장을 마쳤다. 관람객은 공연장의 오십 퍼센트만 입장했다. 코로나로 인한 한시적 규칙이 새롭게 생긴 것이었다. 나의 건강과 더불어 타인의 안전을 위하여 무조건 한 자리를 띄어서 앉아 안전거리를 유지하도록 규정되었다. 이 또한 건강을 지키기 위하여 거리를 두는 것이란다. 어디에서도 볼 수 없는 희귀한 광경이라고 생각했다. 관객도 공연자들도 마스크를 하고 마주했다. 그나마 교향악단이 마스크를 한 것은 이해할 수 있었는데, 합창단이 마스크를 하고 공연할 때는 가슴이 뭉클하기도 했다.

잠시 공연장 안에 어둡고 무거운 정적이 흐르다가 드보르작의 '첼로 협주곡 b 단조' 연주가 시작되었다. 사람의 목소리 톤과 가장 비슷하다는 첼로 독주를 위한 곡들은 그리 많지 않다고 했다. 몇 곡 안 되는 첼로 협주곡 중 가장 아름답다는 곡을 연주했다. 관악기와 현악기들이 힘차게 연주를 시작하여 부드럽게 배경 음악으로 흐르며 중저음의 첼로 독주가 시작되었다. 부드러운 첼로 곡은 낮은 아빠의 목소리처럼 느껴졌다.

여간하여 느껴볼 수 없는 일이지만 교향악단의 연주가 배경이 되고 협연하는 첼로 소리는 아빠의 따뜻한 자장가처럼 심신이 편안하게 들렸다. 연주자들은 악기로 곡을 연주하지만, 때론 곡의 느낌에 따라 표정은 물론 온몸으로 연주하며 관중들의 이해를 돕는다. 하나 마스크를 했기 때문에 협연자의 몰입하는 심오한 표정을 볼 수가 없어 아쉬웠다.

낮은 첼로 음은 마스크를 하고 연주하는 연주자의 지금 그 마음같이 느껴졌다. 연주하는 곡이 끝으로 치달으며 단원들 모두가 혼신의 힘을 다해 연주할 때는 마스크가 답답하고 힘겨워 보였다. 브람스를 비롯한 대음악가들이 칭송한 아름다운 곡을 무대 위에서도 객석에서도 모두가 마스크를 하고 음악을 마주한다는 것이 안타까웠다. 경쾌하고 힘찬 곡을 즐겁게 감상하면서도 마스크의 답답함은 어느 공연과도 비교할 수 없는 느낌이었다.

마스크가 마음에 걸리는 연주와는 반대로 속이 후련한 오케스트라의 배경에 웅장하게 느껴지는 첼로 곡의 장엄함까지 주는 공연이 모두 끝이 났다. 공연장 천장을 뚫을 듯한 함성과 박수 소리는 한참 동안 계속되었다. 금방이라도 답답한 마스크를 벗어버릴 수 있을 것 같았다. 잠시 불안한 현실을 잊었던 행복한 시간이었다.

순간 마스크를 하고 있다는 사실을 잊을 뻔했다. 언제쯤 마스크를 벗고 자유로울 수 있을까. 멀리 있는 가족과 친구들의 손을 잡을 수 있는 날은 언제쯤 올까. 각자의 노력과 서로의 거리 두기를 통한 배려로 안전하게 생활하고 있지만 불안한 마음만은 이 순간도 무거웠다.

금방 끝날 것 같았던 코로나의 유행은 끝이 보이지 않고 더욱 극성을 부리고 있다. 아기가 엄마의 품속에서 지내듯 가까이에서 함께해야 하는 사람들까지 서로 거리를 유지해야 한다는 사실이 슬플 뿐이다. 명절에 가족 간에도 모일 수가 없고 더욱 안타까운 것은 마지막 가시는 부모님의 임종마저도 지킬 수가 없는 현실이 되고 말았다. 이렇게 가슴 아픈 거리 두기가 언제까지 계속되려는지 암울한 현실이다. 하루빨리 더 가깝고 편안하며 자유롭게 공연도 감상할 수 있고 지인들을 만나 밥 한 끼 편하게 먹을 수 있는 시간이 왔으면 좋겠다.

물오름달

　운해처럼 흐르던 안개가 꼬리를 거두고 나니 유난히 햇살 곱고 보드라운 아침이다. 엊그제까지도 전국엔 폭설이 내리는 날씨였다. 올봄의 시작은 여느 때보다 요란했다. 자리를 내어주려 하지 않는 겨울과 봄이 줄다리기하는 것 같았다.
　봄꽃이 필 때면 꽃샘추위가 한 번씩 다녀가는데 올해는 심한 추위가 없었다. 그 덕분에 꽃들이 처음 피어서 질 때까지 고왔다. 특히 백목련이 여느 해보다 하얗고 곱다. 고운 그 빛은 구중심처의 여인네들 살결 같다는 생각이 들었다. 그 아름다운 꽃이 질 때면 어느 꽃보다 지저분하고 보기에도 흉하다. 붉게 피어서 아름다운 동백은, 떨어져 땅 위에서도 또 한 번의 꽃을 피우듯 떨어진 꽃도 아름답고, 꽃 중에 수수한 듯 화려한 연꽃은 지는 모습을 볼 수가 없다. 그에 비하면 백목련은 마지막 모습이 너무 추하다.

　어쩌면 우리네 일생이 목련꽃을 닮지는 않았을까? 모두의 축복 속에서 온갖 귀여움과 사랑을 받으며 태어나 부모님과 주변의 보호를 받는 아기 시절은 보드라운 솜털 옷을 입고 겨울을 나는 목련 꽃망울 같다고 생각했다. 막 태어난 아기는 부모님의 사랑 속에서 아무것도 모르고 자라난다. 곱게 자라 청소년기가 되면 목련 꽃눈이 솜털 보송한 옷을 벗고 백옥같이 흰 꽃잎을 드러내듯, 인생의 황금기를 맞아 화려하게 자신이 꿈꾸어온 세상의 주인공이 되었다. 밝은 햇살 속에 화려하게 드러난 목련의 꽃송이처럼 말이다.

　하나 삶은 그렇게 쉽지가 않았다. 때론 비바람이 불기도 하고 눈보라가 치기도 하며 녹녹지 않은 시간을 보내게 된다. 순간에 일어나는 모든 일은 하룻밤 꽃샘바람이 화려한 목련꽃의 순간을 앗아가듯 인생도 마찬가지다. 어제 잘 나가며 화려했던 청춘이 나무에서 떨어져 시커멓게 변해가는 목련 꽃잎처럼 인생의 황혼기인 인간의 가슴속 빛깔은 아닐까. 인간의 삶은 항상 행복할 수는 없다. 그 삶에서 수없이 많은 시간을 얼마나 힘들게 살아왔을지는 아무도 모른다.

　칠십이 넘은 난 지금 인생 고개의 어디쯤을 내려가고 있을까, 어제처럼 고왔던 청춘이 지금은 실바람 한 줄기에도 꽃잎을 떨굴 목련꽃은 아닌지 생동하는 봄을 맞은 마음은 쓸쓸하기만 했다.

온통 흐드러지게 핀 목련을 뒤로하고 산에 오르려니 야산 발치에는 푸른 색깔과 보라색 연자주색의 갖가지 현호색이 먼저 반겼다. 옆에는 진보라색의 제비꽃이 지천으로 웃는다. 어쩌면 저렇게 고울 수가 있을까 내가 좋아하는 보라색이라 더 예뻐 보였다. 남편은 꽃이 가장 튼실하고 크며 꽃대가 제일 긴 꽃을 골라 꽃반지를 만들어 손가락에 끼워주었다. 매년 봄이면 받는 행운의 선물로 며칠간은 가슴 설레는 기쁨으로 지내게 한다.

언덕에 올라서니 봄나물의 대표 격인 두릅 한 꼭지가 시선을 끈다. 삐죽 키가 큰 상순에 자라고 있었다. 세상에나 말로 표현할 수 없는 연초록색이 너무 예뻐 차마 꺾을 수가 없었다. 발을 옮기려니 내려놓기가 미안할 정도였다. 두툼한 낙엽 이불 속에서는 영차영차 취나물과 제비쑥이 잠에서 깨어 올라오고 있었다. 옆에는 보기에도 앙증맞은 아기 잣나무 새싹이 눈에 띄었다. 청설모가 먹다가 잃어버린 잣이 새싹으로 올라와 눈부신 듯 엄마 나무 밑에 기대있었다. 아직 다 펴지 못한 아가의 우산처럼 씨앗이 갈라지며 새싹에 밀려난 껍질이 여리여리한 연둣빛 새싹을 앙증맞게 잡고 있다. 생명의 신비와 숭고

함이 함께 오케스트라가 되어 화음을 쏟아내는 것 같았다. 이쪽에서 톡 저쪽에선 툭툭 산비탈 작은 도랑물은 졸졸, 어느 것 하나 신비스럽지 않은 것이 없었다.

양지바른 산비알에는 갓난아기 손 같은 고사리가 벌써 고개를 들고 있다. 자세히 보니 한 차례 고사리를 꺾은 흔적이 보이기도 했다. 일찍 올라온 녀석도 그를 발견하고 꺾어간 사람도 놀라웠다. 자연은 참 솔직하다. 콩 심은 데 콩 나고 팥 심은 데 팥 나듯 매년 같은 계절에 그 자리에 가면 그대로 취나물도 있고 고사리도 올라온다. 시간만 지나면 저절로 삼라만상이 깨어나니 말이다.

자연의 이치를 생각하면서 요즘 세태를 생각해 보았다. 과일 값이 천정부지로 올라 사과 한 개의 값이 구천 원을 한다고 날마다 신문과 방송을 통해 세상을 뒤흔들고 있다. 지금 당장 사과값이 비싼 것만 생각하지 말고 왜 가격이 비싸게 되었는지 원초적인 문제는 아무도 생각하지 않는가 보다. 지난해 봄, 이상기온으로 온갖 꽃들이 다소 일찍 꽃을 피웠다가 예고 없이 찾아왔던 한파 때문에 냉해가 컸었다.

결국 자연의 여파로 미약한 인간은 비싼 과일을 먹을 수밖에 없게 된 것이었다. 하나 핑계 대기 좋아하는 사람들은 결국 정치를 잘 못하는 누구 때문이라고 난리난리다. 사골 뼈 우리

듯 우려내어 정쟁으로 삼고 있다. 올해는 봄꽃이 냉해 한번 없이 잘 핀 것을 보면 이미 가을의 풍성함이 눈에 보인다. 꼭 그렇게 되기를 지금부터 기도한다. 나무마다 빨간 사과가 주렁주렁 달리기를 말이다.

산에서 내려와 명암지를 지난다. 화창한 날씨에 가족끼리 소풍 나온 사람들이 많았다. 윤슬이 반짝이는 호수 위에는 가족의 사랑과 연인의 사랑을 듬뿍 실은 오리배들이 한가로웠다. 한가한 여유를 보내던 호수의 주인 흰뺨검둥오리들은 덩치 큰 오리배의 서툰 운전에 화들짝 놀라 물 위를 미끄러지듯 날아올랐다. 봄은 여기저기 보는 곳마다 명화였다. 어찌 이렇게 아름다울 수 있을까. 아무도 흉내 낼 수 없는 명작이 맞았다. 시간이 흐른 깊은 봄 물오름달*, 자연도 사랑도 시간 따라 농익어 가고 있었다.

한 잎 두 잎 춤추며 떨어진 백목련의 갈색 꽃잎을 보고 내 인생의 마지막은 어떨까, 상상하며 끝까지 건강하게 아름답게 연꽃처럼 지고 싶다는 생각이다. 얼마나 남았는지 알 수 없는 인생의 내리막길을 조심조심 걷는다.

2024

---

* 삼월의 순우리말로 산과 들에 물이 오르는 달이란 뜻

제4부

추 억

곱게 쌓인 감나무 잎들이
하얗게 서리를 쓰고 해님을 기다리고 있다.
동네 참새들이 다 모인 듯 짹짹거림이 싱그럽다.
어렸을 적, 일이 생각나 입가에 웃음이 번진다.
- 〈감잎〉 중에서

모교
시험
감잎
흙 그리고 물과 바람과 불
나들이
그림자
지구의 몸살
양동이
산불
가을을 기다리며

모교

먹구름 사이로 내리는 찬란한 빛을 보며 주변 환경이 암울했던 여고 시절, 가슴 속에 희망의 빛을 안고 살았던 그때가 생각났다. 마침, 나들이에서 돌아오는 길이다. 우암산 순환로를 내려서는 저쪽 길모퉁이에 내가 마지막 십 대의 꿈을 키웠던 그 꿈자리, 여고의 옛터가 있다.

늘 생각 없이 지나던 길인데 오늘은 달랐다. 여고의 옛터에 남아 아름답던 정원 청명원이 모두 파헤쳐지고 드러난 돌들과 속살이 애처로워 보였다. 학교를 율량동으로 이전한 후 정원 한 귀퉁이와 몇 그루의 나무만 남아있었는데 그마저 파헤쳐 공사를 하고 있었다.

여고 시절 학교 정원이 꽤 아름다웠다. 구중심처의 규수가 살고 있는 별당처럼 도심 속 여학교 운동장에는 높은 시멘트 담장이 둘려 있었다. 그 속에서 우리는 체육대회도 했고 학교 교련 훈련도 했다. 교문을 들어서면 아름다운 정원이 있고 그곳에는 작은 연못도 있었다. 연못에는 오작교처럼 작은 아치형 다리가 있었고 그 속에는 금붕어들이 공부에 지친 우리의 몸과 마음을 위로했다.

매년 꽃샘추위가 지나고 초여름이 되면 건물의 나무 바닥에 쌓인 기름때 벗기기를 대대적으로 했다. 바닥의 기름때를 벗기는 날은 전교생이 체육복으로 갈아입고 굵은 나무에 가는 새끼를 감아 만든 수세미를 들고 팔을 걷어붙이고 나섰다. 곱디고운 여고생의 손으로 손톱 밑에 검은 때가 끼도록 마루의 때를 밀며 호호 깔깔 우리 속도 시원하고 깨끗해지는 것 같았다. 어디 그뿐인가 비누 거품 때문에, 복도 바닥에 미끄러져 곰돌이처럼 되어버린 친구 모습을 보고 깔깔대던 것도, 이제는 파르라니 추억이 되었다. 때를 벗긴 후에는 다시 기름을 바르고 양초를 발라 반짝반짝 얼굴이 비치도록 닦으며 사랑했던 그 건물이 먼저 사라진 거다.

요즘 학교에서는 각자 공부했던 교실도 청소하지 않고 본인이 버린 쓰레기라도 줍게 하면 금방 학부모들의 민원 전화가 빗발치는 시대가 되었다. 그러니 나이 이십이 되어도 빗자루질도 제대로 하지 못하는 형편이다. 우리는 연례행사로 교실과 복도 바닥 때 벗기기를 했어도, 깨끗해진 교실 바닥에 기분이 좋아 벌렁 누워 만족한 함박웃음을 웃었다. 무엇보다 애정을 쏟았던 교실 건물이 철거되고 없는 모습에는 서운함이 컸다.

상당공원 앞을 지날 때마다 나의 꿈자리, 아름답던 청명원이 관리되지 않고 방치된 모습에 기분이 좋지 않았다. 오작교도 철거되고 맑은 물에 금붕어가 놀던 연못에는 검은 이끼가 끼어 물이 썩어갔다. 그래도 조금이나마 남아 있는 흔적에 가끔 지나며 추억을 회상할 수 있었다. 아련하게 오십 년 전 체육대회 하던 날 가장행렬 하던 모습이 떠오른다. 높은 시멘트 담장 안에서 벌어지던 진귀한 풍경에 도청으로 출근하던 공무원들이 구경하다가 지각을 했다는 전설 아닌 전설도 생겨났을 정도다. 학급별로 진행되었던 체육대회의 가장행렬은 최고의 볼거리였다. 전체 이십사 학급이 모두 다르게 학급의 특색을 살려 연출을 했다. 그날 저녁노을이 물들 무렵 천사백사십 명이 함께 부르던 교가가 들리는 듯도 했다.

이제는 조금 남아있던 흔적마저도 모두 메우고 파헤쳐 여고 시절 꿈의 흔적은 점점 없어지고 있다. 한 그루 나무라도 더 심어야 하는 도심지에 있던 정원을 없앤다고 생각하니 아쉬움이 더 컸다. 한쪽 끝에 남아있던 여고의 흔적마저 사라졌으니 가슴 한쪽이 뻥 뚫린 듯 허허롭다.

 그 아름답던 정원은 새롭게 주차장이 되었다. 그 자리에 여고가 있었다는 것을 알고 있는 사람들은 얼마나 될까. 아마도 고희를 넘어선 할머니들만 흰머리 소녀로 남아 추억으로 기억하고 있을 것만 같다. 아무리 인생이 세월 따라 흐른다고 해도 앞으로 이십 년 삼십 년이 지나고 나면 그곳이 여학교였다고는 아무도 생각하지 못할 것 같았다.

 그래도 우리들의 맑고 깨끗한 추억을 끝까지 기억해 줄 두 그루의 낙우송은 건재했다. 주차장 구석에서 교정의 변화를 모두 알고 있는 튼튼하고 건장한 나무를 보며 슬그머니 미소가 번졌다. 여고 시절 삼 년 동안 나를 곧게 자라도록 마음을 다잡아준 나무다. 교정의 본관 앞에 서 있던 나무는 그대로 그 자리에 있다. 난, 나란히 자라 다정해 보이는 그 나무가 정말 좋았다. 학창 시절 기분이 울적할 때도 그 나무를 보면 웃음이 났고 위로가 되었다. 월말고사 한번 잘 못 봐도 날 위로 해줬던 다정한 나무, 그 나무와 이야기하면서 글 쓰는 꿈도 키웠다. 다행히 낙우송은 정원에서 유일하게 살아남아 학교의 추억을 영원히 이야기하리라. 어쩌면 낙우송은 우리 후배들이 책상과 의자를 들고 새로운 교정으로 이사하는 모습도 보고 아침마다 작은 연못에서 세수하던 그때의 모습을 생각하며 나보다 더 슬프고 가슴 아플 것 같았다. 이젠 수동의 어디에도 여고의 흔적은 없다.

　우리 학교와는 다르지만 요즘 국가적 문제인 저출산 상황으로 학령인구가 줄어 폐교 일로에 있는 학교가 늘고 있다. 관련 보도를 마주할 때마다 걱정이 앞선다. 산골의 작은 학교만이 문제인 것은 아니다. 서울시에도 문을 닫는 학교가 늘고 있다고 하니 걱정이다. 사십 년도 더 전 수업 시간에 인구가 많아야 세계의 강대국이 될 수 있는 지름길이라고 말하며 꼭 결혼하여 네 명은 낳아야 한다고 했는데……. 지금 결혼 적령기가 된 그 친구들은 결혼할 생각을 하지 않는 청년들이 되었다. 이 상황을 어떻게 해야 할지 가슴이 답답하다.

　우리 학교는 폐교의 상황과는 다르지만, 한 기관의 작은 건물과 검은 아스콘이 씌워진 주차장으로 바뀌어버린 그곳에서 더 이상 아름다운 청명원은 찾을 수 없으니, 생각할수록 아름답던 여학교의 사라진 정원이 눈물 나게 그립다. 여고 시절 십대의 꿈을 키웠던 곳, 우리들 꿈의 요람은 사라지고 두 그루의 낙우송과 작은 표지판만 남아 여고의 옛터를 지키게 되었다. 새삼 세월의 무상함을 추억하며 사라진 모교의 흔적을 더듬어 본다.

시험

 멀리 우암산 정상이 불그레 물들기 시작한다. 하루의 문이 화려하게 열리고 있다. 차츰 어둠 속에서 유영하던 마음이 문을 열고 나선다. 사람은 세상에 태어나서 죽을 때까지 몇 번의 시험을 거칠까. 우리는 학교에 입학하고 회사에 들어갈 때만 거치는 것이 시험이라고 여기는데 난 그렇게 생각하지 않는다. 인생살이 자체를 시험의 점철이라고 생각한다.
 인생에 있어 첫 시험은 어떤 시험일까, 아마도 많은 사람들이 이야기하는 어머니의 뱃속에 잉태될 때가 첫 경쟁이 아니었을까. 그 후로 초등학교 입학에서부터 직장에 취업할 때까지 무수히 많은 시험을 거치며 살고 있다.
 지금까지 겪은 수도 없이 많았던 시험 중에 가장 기억에 남고 재미있었던 시험은 중학교 입학시험이었다. 시골 촌뜨기가 읍내에 있는 여학교로 시험을 치러 갔다. 추위가 매섭던 섭이월 초였다. 시험 전날 예비 소집이 있었다. 수험표를 받기 위하여 이십여 리 길을 걸어 학교로 갔다. 매섭게 볼을 때리는 차가운 바람이 불었지만 춥지 않았다. 시험이라는 공포보다는 읍내에 간다는 생각에 벅찬 가슴이 콩닥콩닥 뛰었다.

내가 중학교 시험을 볼 때만 해도 산골에서 딸을 중학교에 보낸다는 것은 꽤 힘든 일이었다. 남아선호 사상이 심했던 당시는 아들도 중학교에 보내지 못하는 집이 많았다. 경제적인 문제도 있지만 시험에 합격해야 하는 어려움도 있었다. 사실 난 중학교를 입학한다는 것보다 담임 선생님의 권유와 설득으로 시험만 한번 보기로 했다. 그때 집안의 경제적 상황이 좋지 않아 합격해도 입학할 수 없는 형편이었다. 하지만 처음으로 읍내 여학교를 방문할 수 있다는 것만으로도, 하늘을 날 것처럼 기분이 좋았다. 겨울바람이 내달리는 여학교 운동장에 서니 손도 시리고 발도 시렸지만, 수험표를 받아 들고는 깡충깡충 뛰며 좋아했다. 꼭 이 학교에 입학하고 싶다는 생각이 들었다.

해가 뉘엿뉘엿 넘어갈 즘 부모님들은 집으로 가시고 우리는 여학교 건너에 있는 낯선 하숙집에서 하룻밤을 보내게 되었다. 우리 학교에서 시험을 치러 간 일곱 명이 방 하나에서 묵었다. 수험표를 받고 하숙집으로 돌아온 우리는 시험을 본다는 것도 잊고 수학여행을 온 것처럼 밤새 떠들며 깔깔댔다. 아직도 얼른 자라고 채근하던 하숙집 아주머니 목소리가 들리는 듯하다.

시험 첫날 교과목 이론 시험이 끝났다. 다음 날은 체육 실기 시험이 남아있지만, 우리는 학교 앞 문방구로 달려갔다. 우리 동네 구멍가게에서는 볼 수 없는 것들이 많았다. 우린 이것도 사고 싶고 저것도 사고 싶었지만, 부모님께 받은 용돈으로 풍선껌을 한 통씩 샀다. 하숙집으로 돌아와 서로 더 크게 풍선을 불기 위해 각각 껌 다섯 개를 모두 씹었다. 손톱만 하게 불었다가 점점 크게 불어 펑 터진 껌이 얼굴을 덮어 서로 쳐다보며 깔깔깔 웃곤 했다. 껌 덩어리는 아기 주먹만 했고 우린 다음 날 다시 씹을 생각으로 하숙방 아랫목 벽에 차례로 붙여놓고 일찍 잠이 들었다.

다음 날 아침 밥상을 들고 들어오신 아주머니의 호통에 혼비백산했다. 입학과 시험을 대비해서 새로 도배한 벽을 엉망으로 만들어 놓았기에 아주머니는 우리가 수험생이라는 것도 잊고 큰 소리로 꾸중했다. 밥을 어떻게 먹었는지 대충 먹고 아주머니의 눈을 피하여 얼른 학교 운동장으로 갔다. 시험 보는 날 아침부터 아주머니께 꾸중을 들었지만 집을 나선 우리는 호호 깔깔 자지러지게 웃었다.

　밖은 밤새 하얀 눈이 내려, 온 세상을 덮었다. 문밖엔 동화 속 같은 세상이 펼쳐졌고 좋은 일이 저절로 생길 것 같았다. 쌓인 눈이 운동화의 운두를 덮었고 검정 고무신은 눈 속에 푹 묻힐 정도였다. 하얀 눈이 덮인 운동장에서 체육 실기 시험을 봤다. 시험이 시작된 운동장의 열기는 쌓인 눈을 녹일 정도로 후끈하고 살벌했다. 눈이 쌓이고 찬 바람이 볼을 에는 운동장에서 운동화를 벗고 눈이 녹아 질퍽한 운동장을 철퍽철퍽 양말 발로 달리는 친구도 있었다. 얼마나 간절한 마음이었으면 그랬을까. 팔 굽혀 펴기를 하다가 만점을 받지 못했다고 눈 위에 엎어진 채로 울던 친구도 눈에 선하다. 그렇게 처음으로 통과해야 하는 시험을 두근두근 떨리는 마음으로 끝냈다. 시험이 끝나고 눈이 쌓인 고개를 넘어 집으로 향했다. 서둘러야 어둡기 전에 집에 도착할 수 있기에 뛰기도 하고 미끄럼을 타기도 하며 집으로 왔다.

　인생의 첫 선발 시험에는 무난히 합격했다. 입학할 수 없을 만큼 어려웠던 집안 사정에도 부모님은 어려운 시험에 합격한 딸을 응원하며 중학교에 입학할 수 있게 해주셨다. 그때 보이지 않는 행운을 받아 지금까지 공식적으로 치러진 시험에선 한 번의 실패도 없이 합격하여 남부럽지 않은 삶을 살고 있다.

이젠 남은 인생의 마지막 시험을 준비하고 있다. 남은 생을 누구보다 건강하고 즐겁게 보내다가 그때의 마지막 시험에도 행복하게 합격이 되고 싶을 뿐이다. '백세시대'라는 가요의 가사처럼 백오십 세까지 건강하게 살다가 알아서 가고 싶은 것이다.

인생의 마지막 죽음을 시험이라고 할 수 있을까만 누구보다 건강하게 잘 살다가 가고 싶다. '생거진천生居鎭川과 사후용인死後龍仁'이라는 말처럼 내 죽음에 오류가 없기를 기도할 뿐이다. 이제 남은 단 한 번의 마지막 시험을 잘 맞이할 수 있기를 기원하면서 아름다운 노을을 기다린다.

감잎

　간밤 찬바람이 밤새도록 창문을 흔들더니 서리꽃이 하얗게 핀 아침이 되었다. 까치는 일찌감치 아버지가 남겨둔 자기 밥그릇을 차지하고 식사 중이다. 빨간 홍시가 묻은 입으로 깍깍깍 깍깍깍 아침 인사를 건네고 있다.
　나무 밑에 떨어져 곱게 쌓인 감나무 잎들도 하얗게 서리를 쓰고 해님을 기다리고 있다. 온 동네 참새들이 다 모인 듯 쩩쩩거림이 싱그럽다. 옛날 나 어렸을 적 일이 생각나 슬며시 입가에 웃음이 번진다.
　할머니는 오늘처럼 서리가 하얗게 내린 날엔 쉽게 참새를 잡을 수 있다고 하시며, 참새 잡는 방법을 이야기해 주셨다. 참새를 잡는 데는 특별한 도구도 필요 없고 술지게미와 땅콩만 있으면 된다고 하셨다.

서리가 하얗게 내린 날 아침, 술지게미를 감나무 밑에 골고루 뿌려두고 커다란 감잎 위에 땅콩을 한 개씩 놓아두면 참새 잡이 준비는 끝이라고 했다. 참새들은 널려있는 술지게미를 보고 가족은 물론 이웃 친구들까지 모두 데리고 와서 술지게미로 멋지게 차려진 아침 식사를 했다. 술지게미인지도 모르고 아침 식사를 마친 참새들은 술에 취하여 감잎 위의 땅콩을 베개 삼아 잠이 들었다. 그때쯤이면 겨울의 늦은 해가 떠오르고 감잎 위에 내렸던 서리가 마르며 감잎이 도르르 말리면 참새가 날아가지 못한단다. 그 시간을 기다려 바구니를 들고 나가 주워 오면 힘들이지 않고 참새를 많이 잡을 수 있다는 것이었다.

나도 총총거리는 통통한 참새를 쉽게 잡을 수 있다는 할머니 이야기에 아침 일찍 농주를 거르시는 어머니 앞에서 어른 대다가 지게미 한 사발을 얻어 감나무 밑으로 갔다. 쌀쌀한 바람이 가슴으로 파고들었다. 서리가 하얗게 내린 감나무 밑에 지게미 한 사발을 훌훌 뿌렸다. 땅콩은 없어서 놓지 못하고 멀리에서 보고 있으려니 연실 참새들이 날아오는 것이었다. 모여드는 참새를 보고 내심 기분이 좋아 찬바람에 발이 시려도 참으면서 해가 떠오르기를 기다렸다. 눈 깜빡 한 번에 한 시간이 금세 가더니 왜 그리도 시간이 가지 않는지 기다림이 지루하기 그지없었다. 언 발을 동동 구르며 한참 기다린 후, 해가 떠오르고 한참이 지나 큰 바구니를 들고 회심의 미소를 지으며 감나무 밑으로 갔다.

어찌 된 일인가. 내가 계속 지켜보고 있었건만 누가 알아차리고 먼저 와서 참새를 모두 주워간 것일까. 감잎에 싸인 참새는 한 마리도 보이지 않았다. 널브러진 감잎만 내렸던 하얀 서리가 마르고 나니 버스럭거리며 일광욕 중이었다. 잃어버린 참새를 생각하니 억울해도 너무 억울하여 점심때까지 울었다. 참새를 한 마리도 잡지 못한 것이다. 할머니 이야기만 듣고 노력도 없이 결과를 얻으려고 했던 어리석은 생각이었다는 것을 어른이 되어서야 알고 부끄럽기 그지없었다.

세상살이 어디에도 그렇게 호락호락 쉬운 일은 없다. 한국전쟁 세대의 우리 부모님들은 얼마나 피나는 노력을 하셨던가, 가난에 주린 배 부여잡고 자식을 위하여 국가의 안위를 위하여 최선을 다하셨다. 부모님들의 피나는 노력 덕분에 오늘날 우리도 있고 발전한 국가도 있는 것이다. 지금 생각하면 나도 자식 세대와 많이 다름을 느낀다. 우리 부모님들이 하셨던 것처럼 내가 어렵고 힘들게 살았으니 내 자식에게는 가난을 대물림하지 말아야지 생각하며 살았다. 그것은 자식을 위한 좋은 교육 방법은 아니었다. 무조건 부모가 다 해결해 주는 편안함과 편리함만을 생각하는 잘못된 사람으로 키웠다는 것을 알고 후회했다.

　자립 교육을 위해 처음으로 이야기하는 것이 자식에게 물고기를 잡아주지 말고 물고기 잡는 방법을 가르쳐주라고 했던 것이었다. 지금 우리 세대가 부모님들께서 어렵게 자식들에게 해주셨던 마지막 세대가 되었다. 그때는 부모님께 받았어도 부모님도 나도 다 부족하고 힘들었다. 그런 우리는 자식들에게 더 큰 것을 해주며 자식들을 나약한 온실 속의 화초로 만들었다. 그러기에 결혼을 포기하고 이세 생산을 거부하며 끝까지 부모에게 기대는 자식들로 만들었다는 생각이 든다.

　삶이 얼마나 힘들고 팍팍한지를 직접 체험하지 못한 우리네 자식들은 부모가 얼마나 어렵고 힘들게 살았는지 이해하지 못하기 때문이다. 요즘 젊은 사람들은 적은 힘을 들이고 쉽게 일하며 보수는 더 많이 받고 싶어 한다. 그렇기에 취업을 망설이며 독립하지 않고 부모님 품에서 지내고 있는 캥거루족이 생겨난 것이 아닐까. 내가 어린 마음이었지만 서리맞은 감나무 잎을 이용하여 쉽게 참새를 잡으려 했던 그날이 부끄럽게 느껴졌다.

　봄부터 온갖 노력을 다하여 주렁주렁 감이 열렸던 감나무, 움직일 수 없으니 언제나 살아가기에 물이 충분했었던 것은 아니었을 것이다. 한여름 무더위도 이기고 가뭄과 태풍까지 이기며 감을 키웠다. 움직이지 못하는 감나무도 어려움을 이기며 노력하듯이 각자의 노력으로 어려움을 극복하며 삶을 개척해 가는, 마음이 튼튼한 젊은이들이 되었으면 좋겠다.

한 무리의 참새떼가 날아간다. 감나무 밑에 서리 마른 감나무 갈색 잎들이 퇴색된 아름다움을 보여준다. 인생의 황혼에 와서야 어릴 적 참새잡이의 허허로운 추억을 생각하며 어리석었던 쓴웃음을 웃는다.

흙 그리고 물과 바람과 불

　흔히들 인생은 흙에서 나서 흙으로 돌아간다고 한다. 모든 사물이 자연의 결합체라고 생각하는 것이다. 불교에서는 흙, 물, 불, 바람이 화합하여 사람이 된다 地水 火風 和合 成人고 했다. 인간사의 모든 시작과 끝을 자연에서 찾고자 했던 것이다. 예술가들의 생각은 대부분 더 그런 것 같았다. 그들 중 자연의 결합을 통하여 예술을 창조하는 도예가의 혼 깊은 삶은 아주 깊은 감동을 주었다.
　찬바람을 잠시 밖에 부려놓고 어둠 어둠한 조명 속 전시실로 들어섰다. 어릴 적 우리 집 살강에 놓여있던 그릇처럼 이층으로 잘 정돈된 작은 백자 찻잔들이 눈에 들어왔다. 순백의 반짝이는 빛을 뿜어내는 찻잔들은 무대 위에서 춤을 추는 발레리노의 발끝 같았다. 두런두런 소곤소곤 백자의 속삭임 속에서 은은하고 구수한 차향이 함께 살아나는 듯 느껴졌다.

　백자 찻잔들 아래층에는 여러 가지 색을 가진 작품들이 합창하듯 옹기종기 서 있었다. 같은 백자라도 어느 찻잔은 푸른 빛이 보이고 어느 잔은 더 뽀얀 순백의 빛이 보이기도 했다. 도자기의 곱고 아름다운 빛깔은 가마로 들어간 흙의 성분과 산소 즉 바람이 싣고 온 공기와 만나서 만들어낸다는 거다. 바람과 불이 만들어낸 빛깔은 흘깃 보면 흙으로 빚었다고 생각하기보다는 철제 공예품이라고 착각할 만큼 정교하고 고와 파르스름한 색깔에 빠지게 했다.

　나는 내 인생살이의 멋스러운 색깔을 나 스스로 만들어내지 못하고 가족과 주변의 많은 사람들의 도움을 받아 함께 만들어내듯이 같은 흙으로 빚었지만 가마 속의 공기가 이리저리로 움직이며 나르는 산소의 양과 작은 스침에 따라 색감이 달라지다니 감탄하면서 한 걸음 더 안쪽으로 들어갔다.

　산소의 공급에 따라 도자기의 빛깔이 결정되듯이 이번엔 푸석한 흙이 물을 만나 변하는 마법 같은 예술을 보게 되었다. 물은 흙을 손으로 빚을 때 흙이 가지고 있는 성질만큼이나 중요한 매개자의 역할을 한단다. 물의 양이 많아도 안 되고 그렇다고 적어도 안 된다. 알맞은 양의 물을 만난 흙은 도예가들이 손으로 주무르고 발로 수천수만 번을 밟아 흙 속의 공기를 빼내고 다독여야만, 흙만의 센 고집을 꺾어버리고 말랑말랑한 새색시처럼 변하여, 도공의 물레 위에서 순하디순한 흙으로 탄생한다. 뻣뻣하고 무뚝뚝한 흙이 알맞은 양의 물을 만나고 도예가의 힘과 노력으로 도자기를 빚기에 알맞은 바탕흙, 태토胎土가 되는 것이다.

거칠고 무뚝뚝한 흙은 도공의 젖 먹던 힘까지 다 빼앗아 몰랑몰랑한 태토胎土가 되어, 물레 위에 고운 자태로 올라앉는다. 서서히 물레가 돌아가기 시작하고, 도예가의 기분과 저마다 다른 손놀림으로 개성 있고 특색있는 모양과 쓸모를 가진 도자기가 된다. 도공의 마음과 손길에 따라 마음을 비워내면 속이 빈 큰 항아리가 되고, 작가의 답답한 속내를 한껏 끌어올리고 나면 목이 긴 주병도 되며, 높은 코의 자존심을 낮추면 납작한 접시가 되기도 하는 것이다. 어루만지는 도예가의 손길이 느려지면 마음씨 고운 촌부를 닮은 두툼하고 투박한 그릇이 되기도 했다. 흙과 물이 어떻게 만났느냐에 따라 도예가들의 힘이 더해져 각자의 개성에 맞는 작품이 탄생했다. 웅장하기도 하고 아기자기하기도 하며, 보드라운 그들만의 성격과 개성에 어울리는 도자기가 만들어지는 것이었다. 이처럼 흙과 물이 만나 하나가 된 것처럼, 서로 다른 성격의 남녀가 만난 부부 도예가들의 활동은 그들의 인생·삶 자체를 빚어가고 있었다. 각양각

색으로 다양하게 빚어진 흙들이 변신한 모습으로 서서히 자신의 몸속에 남은 물기를 날려 보내며 뜨거운 가마 안으로 들어갈 꿈을 꾼다.

이제 천도가 넘는 고온에서 몸에 바른 유약이 녹아내림을 받아들이며 기다려야만 작가의 분신 같은 도자기가 탄생하는 것이다. 하나의 도자기가 만들어지는 데는, 긴 기다림과 함께 열정적이면서도 뜨거운 사랑의 힘이 없이는 이루어질 수 없다는 것을 알게 되었다. 작품 하나하나에는 가마 속 더위보다도 뜨거운 작가의 사랑을 느낄 수 있었다.

전시장을 한 바퀴 돌면서 생각했다. 도자기를 만드는 데는 무엇이 중요할까, 흙, 물, 바람, 불, 알 수가 없다. 어느 한 가지만 없어도 만들 수 없지 않은가. 그중 가장 기본이 되는 흙은 무궁무진한 세월의 쌓임이라는 생각을 했다. 오랜 전통이 겹겹이 쌓이고, 거기에 그 시대의 전통을 빚어가는 도예가들은 현재 우리가 살아가고 있는 사회의 문화적 토양이며 미래라는 생각을 하게 되었다. 옛것을 익혀 새로운 것을 만들며 가치를 추구하는 그들의 세계 속에서 마음 편안한 문화적 유영을 즐긴 것 같았다.

'네 가지 그러한 것'이라는 전시회의 주제와 작품을 통하여 자연에서 삶을 추구했던 선조들의 풍류와 그 속에서 우리 것을 지키고, 미래를 개척하는 현재 도예가들의 활동에서 우리 민족만이 가진 풍류를 보았다. 때론 도예가 혼자서 고뇌하며 흙에 의미를 부여했고, 부부가 같은 길을 가면서 흙과 물의 합을 배우고, 공기의 스침을 느끼면서, 불의 온도 같은 모든 조건이 화합하여 경이로운 도자기를 빚어냈다.

  전시장을 나올 때는 인생의 지난한 삶의 바탕은 흙 그리고 물과 바람과 불이라는 것을 알게 되었다. 마지막 방을 장식한 이은범 작가의 〈천 가지 색 청자〉라는 작품 앞에 서니, 자연의 네 가지 결합체에서 각자의 중요한 역할을 다시 한번 생각하게 했다. 흙의 성질에 따라 거기에 더해진 물의 양과 가마에 불이 들어간 후 공기의 양과 흐름, 마지막 불의 온도까지 어느 것 하나 중요하지 않은 것이 없었다. 우리가 살고 있는 사회도 다르지 않다고 생각하며, 각자의 노력이 스며드는 화합된 사회가 되기를 손 모아 본다.

나들이

    굵은 빗방울 사이로 가느다란 햇살이 기웃대고 있다. 정체전선이 오르내리기 시작한 지 한 달이 되어간다. 어디는 온통 물에 잠겨버리고 어디에서는 씻겨 내린 산자락에 가장이 쓸려 영영 가족 곁으로 돌아오지 못하기도 했다. 매년 반복되는 재난이다. 아니 어느 면에서는 인재라고도 생각한다.

    올해도 예외는 아니다. 아침이면 텔레비전 켜는 것이 겁났다. 내가 살고 있는 청주에는 그리 비가 많이 온 것 같지 않은데 영동과 옥천지방엔 물난리가 났고, 경기도 지역이 물바다가 되었다. 전라도 제주도 여기저기가 물에 잠기고 산사태가 나서 집을 덮쳤다고 한다. 옛날처럼 정체전선의 폭이 넓지 않고 좁은 띠 모양이라서 우리나라의 구석구석을 찾아다니며 비를 쏟아내고 있다.

장마라고 해서 집에만 갇혀 지냈던 것이 얼마인지. 비가 와도 옛날 같지 않고 지역별로 기습 폭우로 내리니 외출은 엄두도 내지 못했다. 그러다가 우연히 인터넷 기사를 보고 장연면에 있는 천연기념물 느티나무를 보러 가기로 했다. 먹구름이 몰려다니는 흐린 날씨긴 해도 비가 오지 않는 날씨라 나들이하기 딱 좋은 날이 될 거라고 마음이 들떠 콧노래가 절로 나왔다. 그런데 이를 어쩌나 외출 준비를 마치고 나니 굵은 빗방울이 내 마음에 상처를 내듯 유리창에 비스듬히 떨어졌다. 그래도 우산 하나에 얼음물 한 병을 챙겨 들고 집을 나섰다. 설레던 기분이 좋은 것도 아니고 나쁜 것도 아니었다.

차창에 던져지는 빗방울의 크기를 보며 빗줄기가 세차구나, 아니 순해졌구나를 가늠하면서 모래재 언덕을 단숨에 올랐다. 멀리 높은 산에는 안개구름이 허리를 감고 있어 멋진 수묵화를 그려내고 있었다. 비가 그치나 싶다가도 이내 쏟아지니 잠시도 쉬지를 않았다.

몇 번이고 바뀌는 날씨 속에서 수령 구백 년이 넘는 느티나무, 하괴목下槐木 밑에 서 있다. 쏟아지는 비는 나뭇잎에 떨어지며 오케스트라가 연주해 내는 음악처럼 들렸다. 한참을 넋 놓고 서서 빗소리가 만드는 조용하고 함초롬한 음악을 감상했다. 나무 밑에서는 우산을 접고 있어도 비를 맞지 않았다. 습도 높은 나무 밑은 어두컴컴할 정도로 나무가 우람하고 거대했다.

장연면 오가리 우령마을 입구에 있는 느티나무는 천연기념물 삼백팔십이 호로 지정되었다. 수령이 구백 년 이상으로 추정되며 느티나무 중에서는 우리나라에서 가장 오래된 나무로 알려져 있단다. 나무의 보호를 받으며 건재한 우령마을이 생겨나기도 전부터 그 자리에 나무가 먼저 자리하고 있었다. 마을로 들어가는 길옆에 하괴목下槐木이 있고 거기에서 북서쪽으로 60m 정도 떨어진 낮은 언덕에 상괴목上槐木이 있다. 그리고 5m 앞에 작은 나무가 한그루 더 있어 커다란 그늘을 만들고 있었다. 세 그루의 나무가 정자처럼 큰 그늘을 만들어 준다고 하여 정자는 없지만 삼괴정三槐亭이라고 부르기도 한다. 삼괴정은 마을의 안녕과 평화를 책임지는 신목으로 보호받고 있다. 하괴목의 허리에는 지난 정월 마을과 주민들의 무사태평을 빌었던 고사의 흔적으로 한지가 꿰어진 새끼줄이 묶여 있고 비바람에 나풀댔다.

수백 년 우령마을 어귀를 지키고 있는 느티나무는 알고 있을 것이다. 우령마을의 역사는 물론 각 가정의 역사까지 말이다. 백 살이 되어가는 이 씨 할머니는 언제 시집을 왔으며, 딸만 여덟을 낳아서 시집살이를 호되게 겪고도 시어머니 돌아가셔서 가슴을 치며 통곡했던 점순 할매의 한 많은 이야기도 모두 기억하고 있을 터다. 나무도 그들의 삶의 무게를 몸으로 느꼈을까, 하괴목은 세 개의 가지 중 하나가 부러져 두 개만 남아있다. 큰 가지가 부러진 커다란 상처는 잘 치료되었다. 다행히 상괴목은 하괴목보다 건강하고 튼튼해 보였다. 하염없이 쏟아지는 빗줄기에도 살랑살랑 손을 흔들며 미소를 보이는 듯했다. 언제까지라도 마을의 안위와 건강을 지켜주며 영원한 푸르름을 뽐내주기를 마음속으로 빌었다.

빗방울이 머리 위에 툭 떨어졌다. 조용히 하늘을 올려다보니 복잡한 나무의 줄기와 그 위에 자리한 잎들이 커다란 초가지붕처럼 보였다. 붉은 흙탕물 위로 출렁출렁 떠내려가던 이웃집 지붕이 이리 부딪치고 저리 부딪치며 이내 물속으로 사라졌던 그날이 머릿속에 생생하게 떠올랐다.

1966년 여름 장대비가 쏟아지고 마당에 비를 타고 내려온 미꾸라지가 몸부림치고 있던 날이다. 동네 위쪽에 있던 가뭄방지용 저수지 둑이 무너졌다. 사흘을 쏟아진 빗물의 양을 견디지 못했던 것이었다. 시뻘건 물줄기가 넘실거리며 흘러내렸다. 그 무서운 물의 흐름은 우리 집 담장 밑에 있던 좁은 길을 순식간에 쓸어버리고 거대한 강줄기를 만들어 흘렀다. 사랑채 바깥 문지방 밑에서 물이 찰랑거렸다. 길이 끊겨 집에서는 나갈 수조차 없게 되었다. 아버지는 뒤뜰에 있던 커다란 살구나무를 베어내 우리 집으로 닥치는 물길을 막았다. 붉은 주황빛의 살구가 주렁주렁 달린 채로 센 물줄기에 머리를 감는 것 같았다. 잘 자라 우리에게 간식거리를 주던 살구나무는 우리 집을 살려내는 수훈자가 되었다. 그렇게 살구나무에게 집을 맡기고 가족들은 뒷담을 헐고 몸만 피하여 뒷산으로 올라갔다. 쏟아지는 빗속에서도 외양간에 있던 어미 소는 앞세우고 나오면서 귀를 쨀 듯 소리 지르는 만삭의 돼지는 우리에 남겨둔 채로 나왔다. 빗줄기는 그칠 줄 모르고 더 세차게 내렸다. 변화 없이 내리는 비는 쉬었다 내리기를 반복하는 요즘 날씨와 너무 같았다.

산사태가 나고 농토를 휩쓸고 간 물줄기를 보면서 그 옛날 생각에 가슴이 먹먹했다. 큰 피해가 없이 쏟아지던 빗줄기가 잦아들면서 집으로 돌아왔지만, 수십 년이 지난 지금도 장마철만 돌아오면 비 내리는 것이 무섭다.

아무리 비가 세차게 내려도 끄떡없는 삼괴정의 느티나무는 믿음직했다. 비 오는 날의 외출은 위험하기도 했지만, 지나간 슬픈 추억을 소환해 주기도 했다. 멀리 부모님의 발치를 지나며 무고한 고향마을에 안도의 웃음을 주고 돌아왔다. 여전히 비는 그칠 줄 모르고 내렸다.

그림자

　동쪽 하늘이 훤하게 밝아온다. 주인님은 벌써 몇 시간 전에 잠이 깨어 아침 운동 나갈 준비를 하고 있다. 나도 슬슬 마실 갈 준비를 했다.
　매봉산 너머에 있는 한솔이를 만나려고 한다.
　한솔이를 만나지 못한 시간이 얼마 만인지, 봄과 여름이면 해님이 다른 길로 여행을 가기에 한솔이를 만나지 못하는 것이다. 난 혼자서 마실을 갈 수가 없다. 나는 해님이 여행하는 대로 따라서 마실을 갈 수 있기에 멀리 가지 못하고 길 건너 식당 몇 군데와 뒤에 있는 우편집중국을 창문으로 들여다볼 뿐이다. 그런데 길 건너 추어탕집이 국밥집으로 바뀌어 제법 손님들이 드나들고 있다. 주인이 행복한 웃음을 웃으니 나도 웃음이 났다. 구경하는 것도 잠시 길을 건너 돌아온다. 해님이 자꾸 서쪽으로 가고 있기 때문이다.

봄에는 한솔이 뒤에 아까시꽃이 하얗게 피었었다. 내가 거기까지도 갈 수가 없어 주택가 지붕 위에서 꽃향기만 맡고 날아오르는 꿀벌만 보고 왔다. 봄이면 매봉산에 꽃들이 지천인데 멀리서만 바라볼 뿐이다. 점점 한솔이와 멀어진다. 내가 작아지고 있어서 그렇다. 여름이 가까워질수록 키가 자꾸 작아진다.

여름이면 우거진 숲 위로 한솔이가 손톱만큼 보인다. 얼른 가을이 되어야 한솔이를 만날 수 있을 텐데, 가을이 너무 기다려진다. 주인님이 우산을 들고 나갔다. 그래서 난 아침 마실도 못 했다. 국밥집도 궁금하고 슈퍼도 궁금하다. 어쩌면 종일 아무도 만날 수가 없을지도 모른다. 구성지게 내리는 비를 맞으며 우두커니 서있자니 너무 심심했다. 나만 그런 것이 아니라 주인님도 마찬가지다. 언제 들어왔는지 창문을 모두 열어젖혔다. 시끄러운 소리가 들리는 것을 보니 주인님이 청소하는 것 같았다. 청소기를 돌리고 걸레질하고 가벼운 가구를 이리 옮기고 저리 옮기느라 자꾸 여기저기가 간지러웠다. 한참 후 조용해졌다. 또 우산을 들고 나간다. 산책할 것인가 보다. 난 우산은 없어도 되는데 마실을 갈 수가 없으니, 해님이 보고 싶다. 날씨가 맑게 개고 해님이 나타나야 마실을 갈 수 있기 때문이다. 내 뒤에 있는 우편집중국도 지붕만 보인다. 아니 얼마 전시공한 태양광발전 패널만 보인다. 비가 오니까 그것을 자세히 볼 수 있었다. 처음엔 번쩍번쩍 무척 궁금했지만, 잘 볼 수가 없었는데 비가 내리니 번쩍이지 않아 잘 보였다. '아하, 저거였구나.'

그칠 줄 모르고 내리는 비를 보니 장마인가 보다. 며칠 동안은 마실은 꿈도 꾸지 말아야겠다. 점점 어두워진다. 실비 사이로 굵은 빗방울이 성큼성큼 오더니 이내 쏴쏴 쏟아진다. 태풍이 오고 있다고 알려준다. 주인님도 알고 있을까, 태풍 대비를 해야 하는데, 밤새 창문을 흔들고 두들기던 바람이 아침이 되어 조금씩 잦아들고 가랑비가 내린다. 언뜻언뜻 파란 하늘이 보이기도 했다. '그럼 뭘 해 벌써 저녁때가 다 된걸?'

오늘 밤 나는 잠을 자지 않을 것이다. 달과 함께 밤마실을 가보려고 한다. 낮보다는 조금 멀리 갈 수 있을 거라고 느꼈지만 보이는 것이 낮과 똑같아 실망했다. 내 옆에는 무슨 일이 생긴 것일까, 시끄럽고 맛있는 냄새도 나고 오토바이들이 쉴 새 없이 왔다 갔다 했다. 알고 보니 상가에 짜장면집이 개업을 했다. 계속 비가 내려서 알지 못했다. 구경하고 싶어도 바로 내 옆에 서 있고 내 키가 너무 커서 볼 수가 없었다. 주변이 모두 조용해졌다. 집에도 가게에도 모두 불이 꺼졌다. 잠을 자나 보다. 어두운 밤 우두커니 서서 아침을 기다린다.

장마도 끝이 나고 서늘한 바람이 머리를 스친다. 가을이 오고 있나 보다. 어제저녁에는 귀뚜라미 소리를 들었다. "야호, 가을이다." 여명이 채 가시기도 전에 소리를 쳤다. 주인님이 창문을 열어 매봉산을 본다. 주인님은 뒷산에서 가을을 찾는가 보다. 우암산 봉우리로 해가 떠오른다. 얼른 한솔이를 보았지만, 나는 갈 수가 없었다. 해님은 아직도 나를 데리고 다른 쪽으로 갔다. 내 기억으로는 십일월이 되어야 한솔이에게 갈 수 있을 것 같았다. 바람이 점점 쌀쌀해지며 매봉산에 단풍이 들기 시작했다. 제일 먼저 벚나무가 빨갛게 물들었고 생강나무와 밤나무, 상수리나무가 각각 노랗게 물들어 갔다. 나는 날마다 아침이면 조금씩 키가 커지고 있었다.

　어느새 한솔이와 함께 보았던 아까시나무 앞에까지 갔다. 나무는 잎을 모두 떨구고 봄이 오면 꽃피울 준비를 하고 있다고 했다. 여기까지 온 것이 열흘째인데도 한솔이를 만나지 못하고 머리만 보고 왔다. 숲이 훤해졌다. 산 중턱에 우뚝 선 나무들이 모두 잎을 떨구고 한솔이가 언뜻언뜻 보였다. 우암산에 해님이 올라섰을 때 내가 기지개를 크게 켰다. 팔을 내릴 때 한솔이 손과 툭 부딪쳤다. 이럴 수가, 길어진 내 그림자가 한솔이 앞에서 멈춰 있었다. 동짓날 아침이다.

　너무 반가워 반짝 구슬처럼 눈물이 떨어졌다. 이렇게 가까이에서 몇 번이나 한솔이를 볼 수 있을까, 하고 싶은 이야기가 너무 많았는데 자꾸 한솔이와 멀어진다. 어느새 우편집중국 지붕 위를 지나고 있다. 한솔이에게 인사도 하지 못했는데 아쉬웠다. 너무 빨리 점심때가 되어 나도 모르게 키가 작아지고 있었다.

난 슬펐다.

비가 와도 눈이 내려도 한솔이를 만날 수가 없다. 뿐만 아니라 구름이 끼거나 안개가 껴도 만나지 못한다. 내가 움직일 수 없기 때문이다. 나는 해님이 뜨는 이른 아침 그것도 동지가 가까운 겨울에 며칠에만 한솔이를 만날 수 있었다. 그때 해님만 내 키를 제일 크게 만들 수 있기 때문이다. 저녁때에도 안 되고 점심때에는 우리 주차장만 보이고 오로지 겨울 아침에만 한솔이를 만날 수 있기에 늘 그립고 아쉽다. 밤새 찬바람이 쌩쌩 불어 추웠다. 동쪽 하늘이 불그레해지면서 훤해졌다. 해님이 오고 있었다. 온 세상이 하얗게 되어 깜짝 놀랐다. 햇빛을 받아 반짝반짝 빛이 났다. 어느새 하얀 눈길을 훌쩍 지나 한솔이 앞에 섰다. 한솔이가 좋아라 하며 까르르 웃었다. 산등성이 키 큰 상수리나무에는 상고대가 하얗게 꽃을 피웠다. 한참을 보고 있다가 또 집으로 온다. 내 키가 점점 작아지고 있었다. 난 세상에서 해님이 제일 좋다. 한솔이를 가까이에서 만날 수 있게 해주기 때문이다. 지금도 해님이 너무 기다려진다.

  해 때문에 아파트의 그림자 길이가 길어졌다가 이내 짧아지는 모습이 우리네 인생과 너무 흡사하다고 생각했다. 해가 떠오르는 아침이면 아파트는 진한 그림자가 되어 성큼성큼 뒷산을 올라갔다가 시간이 지나면 이내 주르르 내려오는 모습이 마치 나이 먹어 삶의 정점에서 가을을 맞아 한 걸음 한 걸음 내려오는 인생과 너무 똑같지 않은가? 성인이 된 자식들을 다 독여 품을 떠나보내고 빈 둥지에서 차근차근 가을걷이하듯 하루하루를 살고 있는 내 모습은 아닐까? 그림자처럼 순간이 될 수 있는 나머지 인생길을 날마다 새 마음으로 살고 싶다. 하룻밤 동안도 몇 번씩 잠이 깨어 옆에 누워 있는 남편의 가슴에 손을 얹어 보면서 그림 같은 삶을 살고 있다. 살아있음에 늘 행복해하면서 말이다.

지구의 몸살

 오늘도 아침부터 푹푹 찐다. 벌써 며칠째인지. 사우나처럼 찜통이 따로 없는 것 같다. 지난달에는 집중호우가 들이닥치고 장마와 더위가 온통 세상을 들어먹을 것 같아서 걱정이었다.
 낮에는 말할 것도 없고 초저녁에도 밤중에도 새벽에도 더우니 도무지 사람이 숨 쉬고 살 틈이 없는 것이다. 천천히 돌아가던 지구가 멈춰버린 느낌이다. 장마로 세상을 물바다로 만들어 장바구니 물가를 치솟게 하더니 지금은 폭염으로 이십사 시간 냉방기를 돌리지 않으면 숨을 쉴 수가 없다. 냉방기를 종일 돌리고 있으니 또 돌아올 미래의 날씨에게 미안하다. 우리 인간의 무지한 행동으로 지구가 작은 몸살을 중병처럼 앓고 있다. 무더위와 폭우에 태풍과 미세먼지까지 극성을 부리고 있다. 그로 인하여 오존층도 조금씩 파괴되어 오존주의보까지 발령되어 오후에는 마음 놓고 외출하기도 힘든 상황이 되었다. 어린이와 노약자는 외출을 자제해 달라는 문자도 매일 오고 있는 상황에 있다.

기온이 삼십사 오 도를 오르내리니 초등학교 여름 방학 때가 생각났다. 그해 방학이 시작되자마자 우리 집 왕머슴 할아버지와 내가 짝이 되어 고추밭 풀을 뽑는 담당이 되었다. 할아버지는 고추밭에 풀을 뽑으시고 나는 할아버지한테 새참과 점심밥을 가져다주는 것이었다. 할아버지는 야위고 노쇠해 기운이 없어 호미도 힘들어 보였었다. 하루 종일 고추밭 풀을 매도 표시도 나지 않을 정도였다.

아침 일찍 밥을 먹은 할아버지는 호미 하나 달랑 들고 꼬부랑꼬부랑 고추밭으로 가셨다. 난 하루에 세 번 새참과 점심을 날라야 했다. 지금 더위와는 비교도 안 되는 더위였지만 혼자 걸어서 가는 것이 정말 싫었다. 방학이 끝나가려는데 고추밭은 반도 풀을 뽑지 못했다. 결국 품앗이 일꾼을 불러서 끝을 냈다. 지금 같았으면 나 편 하려고 무조건 제초제를 뿌려 잡초를 없앴을 것이다. 그땐 그런 생각하지 않고 손으로 직접 뽑으며 자연과 조화를 이루어가며 살았다. 언제부터 삶의 터전인 자연은 생각지도 않았는지 그 잘못된 행동들이 이렇게 쉽게 우리에게 돌아 올 줄은 아무도 몰랐다. 사람들의 무지한 행동들이 지구를 찜통으로 만들어 놓은 것 같다는 생각이 들었다.

내가 어렸을 때는 몇 년에 한 번씩 가뭄이 온다거나 일 년에 한 번 오는 장마가 큰 재앙이었다면 요즘엔 매년 긴 가뭄과 장마는 말할 것도 없고 기온이 올라가 갑자기 쏟아지는 물 폭탄 같은 폭우에 점점 위력이 세어지는 태풍까지 한 번 지나가고 나면 온 나라를 초토화시키니 자연의 힘에 인간은 미약하기만 하다. 어디 그뿐인가, 아무리 더워도 냇가에 들어가 물장구치며 미역 한 번 감고 나무 밑에 앉아 있으면 에어컨이 무색할 정도였다. 하나 요즘은 샤워해도 그때뿐 물기가 마르면 금방 땀이 샤워기의 물을 뒤집어쓴 것처럼 되어버린다. 그렇다고 함부로 아무 곳에서 나 물놀이를 했다가는 피부병과 가려움증 등으로 고생할 것이다. 무절제한 농약사용으로 인한 물의 오염까지 우리의 생활을 위협하고 있다.

기후만 문제가 되는 게 아니라 공기의 질까지 문제가 되고 있다. 미세먼지에 오존 농도 높은 햇빛도 사람들을 힘들게 한다. 눈병을 일으키거나 피부병을 발병시키는 등 심각한 상황이 많다. 산책 한번 나가려고 해도 공기의 질을 먼저 알아봐야만 하는 형편이 되었다. 우리가 어렸을 적에는 들과 산으로 쫓아다니며 놀다가 목이 마르면 물이 있는 곳이면 아무 곳에나

엎드려 목을 길게 빼고 물을 먹을 수 있었는데 언제부턴가 외출하려면 생수병이 필수품이 되어버렸다. 물의 오염은 그 흔하던 동네마다 있었던 약수터까지 폐쇄되고 말았다. 이 많은 것들의 변화는 인간들이 초래한 결과라고 생각한다.

얼마 전 고향에 갔다가 지인의 입원 소식을 들었다. 농사를 짓는 사람이니 강한 태양열에 의해 팔과 얼굴에 드문드문 피부의 괴사가 발생했단다. 오존 농도 높은 오후 시간 햇빛에 많이 노출되어 생기게 된 것이라고 했다. 치료에 시간이 오래 걸리겠지만 조금만 더 심해지면 생명도 위험해질 수 있다고 했단다.

심각한 난개발과 함부로 버렸던 쓰레기들의 반항일까, 지구가 인간을 밀어내는 느낌이 든다. 시간이 흘러가는 것도 무섭다. 내년 여름엔 또 무슨 일이 벌어질지 우리나라에만 있는 기후의 변화가 아니라 세계 곳곳에서 계속되고 있는 자연 발생의 화재와 홍수, 폭염 등 인류의 힘으로는 막을 수가 없는 재앙 수준의 자연재해들이 무섭게 느껴진다.

자연의 변화는 인류가 저지른 일들로 우리에게 돌아오고 있다는 것이 놀랍다. 누워서 내 얼굴에 침을 뱉은 느낌이다. 결국 어떻게 이 지구를 달래야 할지 사람이 아프면 병원에 가고 약을 먹으면 되지만 인간의 잘못으로 몸살을 앓고 있는 지구는 어떻게 해야 하는지 모르겠다. 숨이 턱 막히는 무더위와 숨쉬기가 답답한 미세먼지 속에서 내가 당장 어떻게 살아야 할지 지구를 위해 무엇을 해야 할까. 이제부터라도 우리들의 생활 방식을 바꾸어야 할 것 같다. 플라스틱 용품의 사용을 없애고 일회용품 사용을 줄이는 등 환경을 위해 작은 일이라도 실천해야겠다고 생각한다.

 이제 산책할 시간이 되었다. 어느새 내 손에는 작은 집게와 종량제봉투가 들려있었다. 요즘 새롭게 유행하는 줍깅에 참여해 보려고 하는 것이다. 지금까지 생각 없이 했던 행동들이 지구를 아프게 했으니 작은 실천이 지구의 병을 쉽게 고칠 수는 없겠지만 모두 참여하여 지구의 건강을 기원해 보고자 했다. 미래의 후손들을 위한 작은 실천에 동참하기로 마음먹었다.

 지금도 뒷산에서는 쉼 없이 땅을 파는 굴착기의 굉음이 들린다. 지구의 허파인 산 한곳을 또 깎아내고 있다. 이름하여 인간을 위한 개발이란다. 맞는 말인지 모르겠다. 진정 누구를 위한 개발일까? 지구의 몸살을 달랠 방법은 없는 것인지 모두가 생각하여 각자의 미래를 지켜야겠다.

양동이

　세상을 환하고 화려하게 만들었던 꽃들이 차츰 바람에 흩날리며 봄이 깊어져 갔다. 늦은 봄이면 남쪽으로부터 훈풍이 불어와 보리와 밀을 익게 하는 봄이다. 지금 이맘때쯤 되었을까 자주 바람이 심하게 불어 때때로 강풍주의보가 내려지기도 했다. 조용했던 오전과 달리 오후만 되면 바람이 심하게 불어 매봉산의 키 큰 연둣빛 나무들을 춤추게 했다.
　남해의 보리밭을 지나 도시로 불어온 바람은 도시 생활에 궁금한 것이 많은 듯 이 골목 저 골목을 기웃대다가 식당 앞 길모퉁이를 획~ 지나갔다. 식당 밖에 놓여있던 파란색 플라스틱 양동이가 골목을 어슬렁대던 바람 때문에 힘없이 쓸어졌다. 뚜껑이 먼저 바람에 날려 빠르게 굴러갔다. 아무도 잡아주는 사람이 없었다. 작은 자동차 한 대가 골목으로 들어서더니 양동이 뚜껑을 따라갔다. 앞서가는 양동이 뚜껑을 밟을까 봐 마음이 조마조마했다. 그때 골목 안에 있던 골목 바람이 휘리릭~ 뚜껑을 먼저 가져갔다. 돌담에 바짝 붙어 위험을 모면한 양동이 뚜껑이 툭 길 위로 떨어졌다. 뚜껑도 휴~ 한숨을 쉬며 빙그르르 한 바퀴 돌더니 블록 위에 내려앉았다. 블록 틈새에서 어렵게 꽃을 피운 작은 민들레를 만나 반갑게 활짝 웃었다. 구르던 때의 어지러움도 잊은 듯했다. 다행히 위험한 순간을 모면한 것 같아 마음이 놓였다.

또 큰 바람이 휙휙 몰아쳤다. 뚜껑을 잃은 양동이가 데굴데굴 굴러갔다. 잃어버린 뚜껑을 찾는 듯 이쪽으로 기우뚱하고 저쪽으로 뒹굴뒹굴하다가 앞서가는 바람을 쫓아갔다. 사거리 흙먼지 바람에 휩싸여 그만 자동차 물결 속의 큰길로 굴러갔다. 교통신호가 바뀔 때마다 아슬아슬하게 위험한 자동차들 사이로 이리 피하고 저리 피하며 구르고 있었다. 양동이는 승용차도 만나고 관광버스도 만나고 부딪칠까 봐 무서운 큰 트럭도 마주쳤다. 양동이는 처음 만나는 자동차들이 신기하기만 했다. 어쩌면 바람도 위험의 박자를 맞춰 양동이를 굴리고 갔다. 이젠 바람보다는 달리는 자동차에 의해 굴러가고 있었다. 중앙선을 넘어 점점 사거리와 멀어져 눈에 보이지 않았다. 따라갈 수도 없어 안타까울 뿐이었다. 횡단보도를 건너 골목길로 들어섰다. 양동이 뚜껑이 지나간 골목이었다. 조금 더 가니 민들레를 만났던 뚜껑은 꽃다지꽃과 냉이꽃 등 잡초가 우거진 길옆에 누워 꽃들과 이야기하며 쉬고 있었다. 지금까지 구경하지 못했던 신세계를 만난 양동이 뚜껑은 바쁜 듯 보였다. 재미에 푹 빠진 뚜껑은 몸통 양동이를 잊은 듯 밝아 보였다. 차츰 어둠이 내리기 시작했다. 그제야 양동이 뚜껑은 문득 헤어져 굴러가던 양동이가 생각났다. 뚜껑이야 안전한 곳에 잘 안착해 있는데 양동이는 온전하기는 할까. 아니 뚜껑과 만날 수는 있을까 궁금한 것이 많았다.

 어둠이 내려앉은 골목 어귀에서 냉이꽃과 꽃다지꽃에 기대어 누워있는 뚜껑은 차가운 별을 보며 외로워졌다. 한 번도 떨어진 적이 없었던 뚜껑은 양동이가 생각났다. 아직도 바람은 불고 있다. 큰길을 지나던 자동차들도 모두 집으로 가고 양동이만 남았다. 바람 따라 혼자서 이리 구르고 저리 구르던 양동이는 길옆 블록사이에서 옴짝달싹도 할 수가 없었다. 어둠도 가시지 않았는데 불쑥 양동이 안으로 집게가 들어왔다. 양동이는 집게에 잡혀 비닐 주머니 속으로 툭 던져졌다. 덜거덕덜거덕 한참을 움직였다. 무엇인가 양동이 위로 툭 떨어졌다. "어이구, 뭐야" 소리 지르던 양동이는 깜짝 놀랐다. 헤어졌던 뚜껑이었다. 정말 반가웠다. 여기저기 상처투성이가 된 양동이를 본 뚜껑은 와락 눈물을 흘리며 다가왔다. 금이 가고 깨진 채로 만났어도 좋았다. 뚜껑은 바람에 이끌려 굴러가면서 본 것을 이야기하며 헤어지지 말자고 다짐했다.

바람에 휩쓸려 굴러가던 빛바랜 양동이가 처음 그릇 가게에서 주인을 만났을 때는 예쁘고 고와 주인 마음에 들어서 사서 가지고 와 애지중지했을 것이다. 그렇게 몇 년이 지난 후 양동이도 늙고 빛도 바래서 쓸모가 없어지니까 대문 앞 쓰레기봉투 옆에 버려져 있다가 봄바람에 몸을 맡겼는가 보다. 마지막 여행을 해보려고 혼자 갈 수 없는 길을 바람에 의지하며 바람과 함께한 것 같았다. 만나고 헤어짐은 운명일까 비록 깨지기는 했어도 다시 만났으니 영원히 함께했으면 한다.

우리 인생도 이런 만남이 있다. 부모와 자식의 인연이 이와 같다고 생각한다. 열 달 뱃속에 품었다가 낳아주시고 기르셔서 짝까지 지워 주셨으니 말이다. 행여 자식 잘 못 될까, 운명하는 순간까지 눈물 흘리시는 부모님처럼 양동이 뚜껑과 몸통이 서로 걱정했다. 깨진 양동이가 뚜껑과 몸통이 만났을 때 얼마나 기뻤을까 하지만 우리 인생은 한번 헤어지면 다시는 만날 수가 없다. 헤어지기 전에 봄바람이 훈풍을 전하듯 효도하며 자식 도리를 다했으면 좋겠다.

산불

똑! 똑! 똑!

이른 아침 봄을 재촉하는 빗소리가 잠을 깨웠다. 반가운 빗소리에 상기되어 일어났다. 이곳저곳 도랑들이 마르고 걸음을 옮길 때마다 먼지가 폴폴 올라올 만큼 봄 가뭄이 심했을 때다. 몇 차례 봄비가 내렸다면 벌써 꽃망울을 터트렸을 텐데 예년보다 여러 가지 꽃들의 개화가 늦은 느낌이 들 정도였다.

열흘쯤 전부터 울진에서 발화한 산불이 봄의 여우 바람을 만나 삼척으로 올라갔다가 꼬리를 바꾼 바람을 따라 다시 울진으로 내려오면서 붉은 불꽃이 하늘도 태워버릴 듯 솟아올랐고 이쪽 산에서 저쪽 산으로 날아다니며 산을 태워 주민들의 가슴을 모두 태웠다. 주변의 집들도 모두 삼켜버리고 천년고찰 불영사를 넘보고 있단다. 수년 전, 삽시간에 화마에 휩싸였던 낙산사를 생각하며 불영사 경내의 국보급 보물들이 무진동 차에 실려지고 영문도 모르는 탱화와 보물들은 화마를 피하여 경주까지 가게 되었다.

온 세상을 다 먹어 버릴 듯한 화마는 세차게 몰아치는 강풍에 힘을 실어 더 빨리 달려간다. 목표는 오백 년 된 금강송 숲을 노리고 있는 것 같았다. 주먹만 한 불덩어리가 세찬 바람의 꼬리를 잡고 금강송 숲으로 날아가 떨어졌다. 훤칠하게 큰 키의 잘생긴 소나무에 옮겨붙은 불길을 방송으로 보고 있자니 마음만 안타까울 뿐이었다. 국민 모두 같은 마음이었을 것 같았다. 소방관과 산림청 직원들, 군인까지 힘을 모아 금강송 군락지를 화마에서 지켜내기는 했지만, 열흘이 넘는 시간을 타오르는 불길은 인간의 힘을 무력화시키고 있었다. 온산과 마을을 태워버린 화마는 잡히지 않겠다고 산꼭대기 바위산으로 오르고 더 깊은 산속 골짜기로 들어가 버렸다.

많은 산을 집어삼킨 화마를 잡기 위하여 수만 명이 화재 진화에 참여했고 팔천여 대의 소방차와 백열두 대의 소방헬기까지 모두 동원되었지만, 산세가 험한 데다가 숲이 우거지고 바위까지 버티고 있어 진화가 힘들다고 했다. 불길은 이리 날고 저리 뛰며 기세를 좀체 꺾지 않았다.

인간의 부주의로 발화된 화마의 피해는 역대 최대로 추정된

단다. 총 이만 구백이십삼 헥타르의 산을 태웠고 주택은 삼백팔십팔 채를 태웠으며 농업시설은 이백삼십이 곳이 소실되었다고 보도되었다. 이재민이 사백삼십팔 명으로 갑작스레 터전을 삼켜버린 화마를 피해 대피소에서 불편하게 생활하고 있다. 실오라기 하나도 들고나오지 못하고 몸만 피한 이재민들이 대부분이었다. 삼사 대째 살았던 집이 화마에 휩싸여 내려앉았다. 잿더미가 된 집을 바라보며 가족의 추억이 담긴 사진 한 장도 가지고 나오지 못했다고 눈물을 흘리시던 아저씨, 쫓아오는 불길을 보고 우사의 소들을 풀어주며 여기에 있으면 다 죽는다고 하며 빗장을 열어 소를 내쫓던 노부부의 모습이 나오던 텔레비전 화면을 보며 뜨거운 눈물이 왈칵 쏟아졌다. 큰 눈을 껌뻑이며 주인을 맴돌던 소들의 엉덩이를 떠미는 주인을 뒤로하고 천천히 떠나는 소들의 모습을 보며 가슴이 미어지는 듯했다. 떠나가는 소들도 슬픈 듯 천천히 걸어갔다.

밤낮을 가리지 않고 태우려는 불과 더 이상 자리를 넓히지 못하게 막으려는 인간들과의 사투는 계속되었다. 결국 과도한 피로 누적으로 한 가정의 가장인 소방관 한 분이 천국으로 가는 사고까지 발생하고 말았다. 안타까운 현실이었다.

산불은 열흘이 넘게 계속되면서 더 깊은 산속으로 번져갔다. 인력으로는 더 이상 어떻게 할 수 없는 어려움에 부딪히자, 비가 내리기를 기대하는 눈치였다. 계속되는 건조주의보 발령에 애가 타지만 비가 내린다는 예보는 좀체 없었다. 낮에는 불길이 잡혔다가 바람의 방향이 바뀌는 저녁이 되면 다시 불길이 살아나기를 반복하며 조금씩 지쳐가고 있었다. 때마침 기온이 올라가기 시작하며 오랜 가뭄을 해갈하는 봄비가 내린다는 예보가 나오기 시작했다. 비가 내린다는 날은 삼 일이나 남았다. 산은 점점 더 타들어 가고 기다림이 초조해진다.

비를 기다리는 삼 일이라는 시간이 짧지는 않았지만, 어제저녁 먹구름들이 모여 살랑대는 봄바람을 따라다니다가 새벽녘 반가운 빗소리가 되어 잠을 깨웠다. 어둠이 가득한 창문을 여니 포슬포슬 봄비가 조용조용 내리고 있었다. 기대하는 마음으로 텔레비전을 켜니 기다리던 진화 소식이 자막으로 지나갔다. 온 산을 다 태워버릴 듯 기세등등했던 주불의 화마를 잡았다는 내용이었다. 그렇게 많은 물을 퍼 올렸건만 잡히지 않던 불길이 단 몇 시간 내린 비에 잡히다니 자연 앞에 인간의 미미한 힘을 깨달았다.

얼마나 다행한 일인지 열흘이 넘은 지금에야 가슴을 쓸어내렸다. 차분차분 내리는 비가 온 대지를 적시고 있다. 산을 삼킨 화마의 꼬리를 잡은 비가 그치고 나면 봄비의 손길을 따라 꽃 천지가 되리라 생각한다. 화마가 삼키고 지나간 울진과 삼

척에는 꽃은 고사하고 검은 화마의 흔적이 이재민의 가슴을 더 진한 흙빛으로 만들지는 않을까. 이제 불길은 잡혔고 필요한 것은 우리의 사랑 나눔이 아닐까 한다. 남녘으로부터 올라오는 꽃소식처럼 사랑에 찬 도움의 손길이 남으로 꽃비처럼 흘러가기를 기대해 본다.

  소리 없이 내리고 있는 비가 이재민의 가슴에도 작은 봄의 씨앗을 심어 희망이 되었으면 좋겠다.

2024.

가을을 기다리며

후텁지근함 때문에 잠이 깬 새벽녘이다. 아직 주변은 열대야의 어슴푸레한 어둠상자 속에 갇혀 있다. 순간 또 비가 오려나 생각하면서 눈을 떴다. 하지夏至가 지난 이후로 조금씩 조금씩 길어진 밤의 길이에 새벽의 어둠을 떠오르는 해가 이기지 못하고 있는 순간이다.

천천히 애벌레가 기어가듯 몸을 털며 일어났다. 아직 밤의 어둠을 안고 있는 베란다 문을 쓱~ 열었다. 밤새 정화된 차곡차곡한 공기가 피부에 닿는다. 시원하다. 아니 상쾌하다. 얼마 만에 이렇게 상쾌한 공기의 맛을 느껴보는 것인지 한 달은 훨씬 넘은 것 같았다. 아침 기온부터 이십육. 칠 도가 넘는 더위를 느낀 것이 언제부터였는지 가늠이 되지 않았다. 하루 중 최저 기온인 아침 기온이 이십칠 도라니 기상 관측이래 열대야가

최장기간의 타이틀을 깼다는 소식이 연일 계속되는 날씨였다.

  극심한 무더위는 밤낮이 없었다. 낮엔 사람 체온만큼 올라간 기온에 온열질환자가 늘어났다. 이렇게 긴 시간 무더위가 계속되는 것을 보면 자연의 규칙에 큰 문제가 생긴 것은 아닐까? 사계절이 뚜렷했던 과거와 다르게 봄과 가을은 점점 짧아지고 겨울은 추위보다 따뜻하며 갑작스레 폭설이 내리는 날이 많아졌다. 여름은 올처럼 긴 더위와 함께 기습 폭우가 내려 홍수는 물론 산사태까지 피해는 이루 말할 수 없었다. 이렇게 차츰 변해가는 자연의 지구는 큰 열병을 앓고 있는 것 같다. 지구가 내뱉는 열기로 인간들이 펄펄 끓고 있다. 누군가가 보이지 않는 어디에서 지구를 향하여 장작불을 지피고 있는 듯했다. 높이 올라간 기온에 더워진 지구는 해가 넘어간 저녁에도 식을 줄 몰랐다. 이렇게 밤에도 최저 기온이 이십오 도 이하로 내려가지 않는 더운 밤이 계속되었다. 열대야란다.

  구월이 되면 달라지겠지, 기다렸건만 입추가 지나고 처서가 지났어도 뜨거운 열기의 열대야는 끝날 줄을 몰랐다. 지구가 펄펄 끓고 있으니 힘든 것은 사람들뿐이었다. 숙면 중에 잠이 깬 몸에서 땀이 줄줄 스며 났다. 오늘도 무덥다고 예고하는 듯했다. 이에 지자체에서는 바깥 활동을 자제하고 물을 많이 먹으라는 문자 메시지를 매일 보내왔다. 하나 입추와 처서의 절기가 지나고 난 후는 미미하지만, 조석으로 변화를 느낄 수 있었다.

　새벽에 베란다를 나가도 바닥이 뜨끈뜨끈하게 느껴졌던 날이 얼마였는지 기억 밖의 일이 되었다. 며칠 사이에 확연하게 달라진 기온 차를 느낄 수 있었다. 불과 이틀 전에도 열대야에 아침까지도 식지 않던 날씨였는데 오늘 아침은 달랐다. 뜨겁던 베란다 바닥은 시원하다 못해 차가움을 발바닥에 전했다. 하루 새에 이렇게 달라질 수 있을까 생각했다. 아무리 더위가 심했어도 자연의 섭리는 아무도 이기지 못하는가 보다. 역시 옛말처럼 처서는 배신을 하지 않았다.

　처서가 지나간 지 오 일째다. 밤낮으로 극성을 부리며 사람을 괴롭혔던 열대야의 더위가 이제야 여름의 강렬한 뜨거움을 조금 아주 조금 내려놓는 느낌이었다.

　한낮의 따가운 햇살이야 농사에 한몫한다고 하지만 해만 지면 어느 순간 성큼 가을이 내 앞에 와 있을 텐데 미리 마음의 준비를 해두어야겠다. 난 유난히 사계절 중 가을 우울증 앓이를 했었다. 밝은 햇살을 봐도 파랗게 맑은 하늘을 보면서도 눈물을 주르르 흘렸다. 나도 모르게 가을만 되면 찾아오는 우울증은 불면증과 손을 잡고 와서 나를 더 힘들게 했다. 가을이란 아름다운 계절이 내 마음에도 아름다운데 그저 물먹은 스펀지처럼 바람이 스쳐도 눈물이 저절로 흘러내리고 밤을 뜬눈으로 새우는 날이 많았다. 몸은 한없이 늘어지고 할 일은 왜 또 그렇게 많은지 난 늘 피곤함에 지쳐있었다. 노랗게 물들어 떨어지는 은행잎이 나를 슬프게 했고 갈색의 작은 느티나무 잎이 바람에 날릴 때 가슴이 미어지도록 아팠다. 그런 가을이 지독하게 싫으면서도 좋아서 늘 기다렸다.

바쁜 일상에서도 잠시 틈만 나면 우울한 감정에 빠져 헤어나오지 못했는데, 어느 해 가을, 담장에 기어오른 빨간 담쟁이 덩굴을 보면서 남편과 나란히 가을을 맞았다. 남편과 함께 가을을 맞은 지 몇 년 여린 갈바람에 흩날리는 나뭇잎을 보고 함박웃음을 웃고 있는 나를 발견했다. 지독하게 앓고 있던 가을의 우울증에서 탈출한 것이다. 역시 위대한 사랑의 힘을 느끼는 순간이었다. 남편과 함께한 사랑의 힘으로 우울증이 나도 모르게 치유되었다. 그렇게 마음 앓이를 심하게 했던 가을을 올처럼 기다린 적은 없었던 것 같다. 얼른 여름의 무더위에서 벗어나고 싶었던 게다.

해가 산마루로 숨을 넘기는 그 순간, 아주 조금 달라진 기온을 느껴보려 산책길에 나섰다. 노을이 걸린 나뭇가지 위에 여름의 막차에 오른 유지매미 한 마리가 목에 걸린 마지막 울음을 힘겹게 울고 있다. 매미마저도 늦더위에 지친 듯했다. 그래도 차츰 한낮의 열기를 식혀가고 있다. 그렇게 서늘한 공기가 얼굴과 코끝을 스쳐 온몸으로 전해지는 것이었다. 가을이다. 이제 진정한 가을이 온 것 같았다.

무더위 때문에 시원한 가을을 기다리기는 했지만 내 인생도 바라지 않던 가을 길로 접어든 지 꽤 된 듯하다. 날씨가 더워 가을을 기다리면서도 인생의 가을이 반갑지 않은 까닭은 무엇일까. 어떻게 날마다 봄만 같을까. 아침에 잠이 깨어 일어나려면 이리 뒹굴 저리 뒹굴 팔다리를 몇 번이나 흔들고 폈다 접었다 해야만 일어날 수가 있다. 내게 찾아온 인생의 가을이 장난을 치고 있는 까닭이다.

그래 이러면 어떻고 저러면 어떠랴, 사는 날까지 건강할 수만 있다면 계절의 가을도 인생의 가을도 고마울 뿐이다. 잘 살다가 저승에서 나를 데리러 오면 무더위에 가을을 만난 듯 반겨 따라나설 것이다.

노을의 기억 속에

초판 인쇄	2025년 9월 24일
초판 발행	2025년 10월 1일
지은이	오 명 옥
펴낸이	노 용 제
펴낸곳	정은출판
책임편집	김상희
편집디자인	권원정
출판등록	2004년 10월 27일 제2-4053호
주소	04558 서울시 중구 창경궁로 1길 29 (3층)
대표전화	02-2272-9280, 8807
팩스	02-2277-1350
이메일	rossjw@hanmail.net
홈페이지	www.je-books.com

ISBN 978-89-5824-525-4 (03810)

ⓒ 정은출판 2025
값 14,000원

* 이 책은 충청북도, 충북문화재단의 후원으로 문화예술육성지원사업의
  일환으로 지원받아 발간되었습니다.
* 잘못된 책은 교환해 드립니다.
* 이 책의 판권은 지은이와 정은출판에 있습니다.
* 양측의 서면 동의 없는 무단 전재 및 복제를 금합니다.